Análisis
gramatical

Teoría y Práctica

GUILLERMO HERNÁNDEZ

Análisis gramatical

Teoría y Práctica

EJERCICIOS Y ACTIVIDADES DE AUTOAPRENDIZAJE

SOCIEDAD GENERAL ESPAÑOLA DE LIBRERÍA, S. A.

Primera edición, 1990
Segunda edición, 1992
Tercera edición, 1993
Cuarta edición, 1995
Quinta edición, 1996

Produce: SGEL-Educación
        Avda. Valdelaparra, 29 - 28100 ALCOBENDAS (Madrid)

ISBN: 84-7143-437-7
Depósito Legal: M. 30.372-1996
Impreso en España - Printed in Spain

Cubierta: LUIS CARRASCÓN
Compone: GRAFILIA, S. L.
Imprime: NUEVA IMPRENTA, S. A.
Encuaderna: F. MÉNDEZ

SUMARIO

I. INTRODUCCIÓN A LA ORACIÓN GRAMATICAL

II. EL GRUPO NOMINAL

III. EL GRUPO VERBAL

IV. LA ORACIÓN COMPLEJA

A Berta,

INTRODUCCIÓN

Ya no posee la gramática el privilegio de ocupar la casi totalidad del tiempo y esfuerzo dedicados al aprendizaje de la Lengua. Constituye, felizmente, un bloque más de trabajo junto al comentario de textos, la expresión oral y escrita, el vocabulario, la ortografía, etc. No obstante, el estudio de las estructuras de la lengua, sobre todo en los aspectos de norma y uso, es imprescindible para el mejor dominio del idioma y debe realizarse a partir de aquella edad en la que el estudiante está perfectamente capacitado para asimilarlas de un modo gradual: últimos años de E.G.B. y Enseñanza Media.

El presente curso de **Análisis gramatical** es fruto de una larga experiencia docente y de la búsqueda de caminos metodológicos que faciliten el dominio de esta faceta de la Lengua, ardua y dificultosa. Este libro permite una enseñanza individualizada y práctica de autoaprendizaje donde los ejercicios aparecen resueltos en el **solucionario** para que el alumno compruebe sus progresos con una atención mínima por parte del profesor. Los ejercicios están graduados en dificultad y cada sesión de trabajo **(la doble página)** posee una actividad de evaluación **(Comprueba lo que sabes)**, que se complementa con los **Ejercicios de autoevaluación** de cada lección y los **Ejercicios de recapituación y autoevaluación** de cada bloque.

El contenido del libro se agrupa en cuatro grandes apartados, divididos a su vez en lecciones: *Introducción a la oración, El grupo nominal, El grupo verbal* y *La oración compleja.* El desarrollo es funcional superando la separación entre morfología y sintaxis, pero con un estudio minucioso de las partes de la oración, tan necesario en estos niveles.

En cuanto a la terminología, hemos seguido, en general, la recomendada por el M.E.C. para las enseñanzas de E.G.B. y Medias, y hemos omitidio aquellas cuestiones de Lingüística teórica, a veces contradictorias, que no deben tener cabida en el aprendizaje de la gramática en estas etapas.

Finalmente, conviene recordar que si el uso del diccionario es siempre necesario en cualquier estudio de la Lengua, lo es más en una metodología como la que sigue en esta obra.

I
INTRODUCCIÓN
A LA
ORACIÓN GRAMATICAL

1. La oración gramatical

1.1. Mensaje, oración y palabra

En todo acto de comunicación intervienen tres elementos fundamentales:

emisor → MENSAJE → receptor

Veámoslos en la lectura del siguiente poema breve de **Antonio Machado:**

> *¿Dices que nada se pierde?*
> *Si esta copa de cristal*
> *se me rompe, nunca en ella*
> *beberé, nunca jamás.*

El **emisor** es quien emite el mensaje: el poeta; el **mensaje** es el contenido de la información que se transmite: lo que dice el poema; y el **receptor** es quien recibe la información: tú, lector.

En este mensaje cualquier receptor, lector u oyente, entiende dos cosas:

- una pregunta: *¿Dices que nada se pierde?;* y
- una respuesta: *Si esta copa de cristal / se me rompe, nunca en ella / beberé, nunca jamás.*

Por ello decimos que este mensaje está formado por dos unidades mínimas de comunicación, que llamamos oraciones.

> La *oración* es la palabra o conjunto de palabras que tiene significado completo y establece un acto de comunicación entre el hablante y el oyente.

En la lengua hablada tiene una entonación determinada que está limitada por pausas; en la lengua escrita esas pausas se señalan con puntos, normalmente.

Las palabras aisladas *(casa, perro, amor...)* tienen también sentido completo, pero no comunican nada. Así, la palabra **agua** evoca un líquido incoloro, inodoro e insípido; pero para que exista comunicación ha de formularse una oración:

*¿Quieres un vaso de **agua** fresca?*   *¡Al **agua,** patos!*

Una oración puede constituir un mensaje:

Otros mensajes son más extensos, como las explicaciones del profesor, los libros, las noticias del periódico, etc., y están formados por muchas oraciones.

1. Lee detenidamente la siguiente noticia breve.

[handwritten: carefully]

> **Puerto Rico queda aislado por el paso del huracán "Hugo"**
>
> *Hugo* es el peor huracán que azota el Caribe desde hace 10 años. Ayer barrió la isla de Puerto Rico con vientos superiores a los 200 kilómetros por hora, aislando al estado asociado a EE.UU. del resto del mundo.
> En las horas previas a la llegada de *Hugo*, las compañías aéreas iniciaron un puente aéreo para evacuar de la antigua provincia española a miles de turistas.
>
> *El País*, 19-9-1989

- ¿Cuántos mensajes hay en esta noticia? ......*1*..........................
- ¿Y oraciones? ......*4*.......................................

2. Distingue en el ejemplo de la noticia qué es el mensaje, la oración y la palabra.

[handwritten] El mensaje: la isla de Puerto Rico queda aislado por un huracán.
La oración: Hugo es el peor huracán que azota... 10 años.
La palabra: Huracán

3. Explica razonadamente si existe o no oración en los siguientes conjuntos de palabras.

[handwritten numbering and answers]

1 *Cuida tu...* ?. no.
2 *Antonio el campo así* .no.
3 *Se alquilan coches.* .sí.
4 *¡Engánchate a la vida!* sí.
5 *En el noche detrás fui* .no.
6 *Sólo faltaba uno.* .sí.

[handwritten] En número 2 no hay un verbo, y en #5 no hay sujeto ni objeto.

En las secuencias anteriores dos de ellas pueden constituir mensajes. Escríbelas.

[handwritten] "¡Engánchate a la vida!" / Se alquilan coches

4. Demuestra lo que sabes. Señala si las siguientes afirmaciones son verdaderas (V) o falsas (F).

a) Una oración tiene siempre un número menor de palabras que el mensaje. ☐F

b) Una palabra, a veces, puede constituir una oración. *ojalá* ☐V

c) El mensaje es el contenido de la información que emite el oyente. ☐F

d) Las palabras únicamente establecen una comunicación cuando se emplean en la formulación de una oración. ☐V

[handwritten at bottom] what about verbs → imperativo: ¡come!

11

1.2. Clases de oraciones según la actitud del hablante

Una oración tiene significado completo cuando el oyente la entiende y si quisiera podría responder o contestar. El significado completo de una oración viene dado por dos aspectos:

- una información sobre la realidad, proporcionada por el significado de las palabras, ordenadas de acuerdo con las reglas de la gramática; y
- una actitud del hablante ante esa realidad, y que se expresa por un determinado tipo de entonación.

Así, el significado de la oración *¿Esta agua está turbia?* se debe:

- al significado de las palabras *esta, agua, está, turbia,* y a su combinación según las reglas de la gramática; y
- a la actitud personal del hablante de preguntar sobre algo que desconoce y que se expresa por la entonación.

Observemos ahora cómo cambia el significado de la oración, según la actitud del hablante.

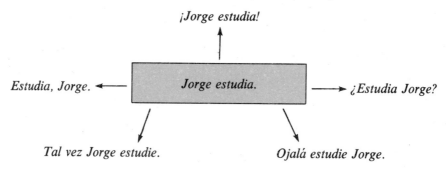

Según la actitud del hablante, las oraciones puede ser:

- **Enunciativas:** informan de algo que ha ocurrido, ocurre u ocurrirá.
  Unas **afirman:** *Aurora ha llegado muy puntual.* (enunciativa afirmativa)
  Otras **niegan:** *Aurora no ha llegado puntual.* (enunciativa negativa)

- **Interrogativas:** preguntan sobre algo que se desconoce. Pueden ser:
  Directas, si la pregunta se formula directamente: *¿A qué vienes?*
  Indirectas, si se formula indirectamente: *Quiero saber a qué vienes.*

- **Exclamativas:** expresan alegría, sorpresa...: *¡Qué contento vienes hoy!*

- **Exhortativas:** se pide o se manda algo: *Préstame tu cazadora. | Abre la ventana.*

- **Dubitativas:** expresan duda: *Tal vez nos esté esperando. | Quizá llegue a tiempo.*

- **Desiderativas:** manifiestan un deseo: *Ojalá pudiera acompañarte.*

481-5438

5. Di de qué tipo son las siguientes oraciones según su significado.

Llegaron tarde, probablemente.   dubitativa
¡Qué simpático es Juan!   _exclamativa_
Quizá espere hasta las seis.   _dubitativa_
Hazlo sólo por mí.   _exhortativa_
Levantaos todos, por favor.   _exhortativa_
Luis está en su casa.   _enunciativa afirmativa_
Nani no vendrá hasta las seis.   _enunciativa negativa_
Acaso no le avisó Isabel.   _dubitativa ?_
¡Ojalá venga contento!   _desiderativa_
¿No podéis hablar más bajo?   _interrogativa directa_

6. Formula una oración de cada una de las siguientes clases.

interrogativa directa   _¿A qué hora comienza la película?_
desiderativa   _¡Ojalá Miguel saque buenas notas!_
enunciativa negativa   _No hay cuchillos en la cocina_
dubitativa   _Quizá sea casada_
exhortativa   _Escúcheme, por favor_

7. Transforma las siguientes oraciones interrogativas directas en indirectas.

Ej.:
¿Cuánto dinero has reunido?   *Quiero saber cuánto dinero has reunido.*

¿Vienes con nosotros?   _Quiero saber si vienes ..._
¿Estás solo o acompañado?   _Quiero " si estas solo..._
¿A dónde vamos, por fin?   _" " A dónde vamos por fin_
¿Ha venido ya el médico?   _Quiero saber si ha venido_

8. Demuestra lo que sabes. Completa el cuadro siguiente transformando la oración *Raúl juega a la petanca* según la actitud del hablante.

enunciativa	afirmativa	Raúl juega a la petanca
	negativa	Raúl no ["]
interrogativa	directa	_¿Juega Raúl ...?_
	indirecta	Pregunta que si Raúl juega a la petanca.
exclamativa		_¡Qué bueno que Raúl juega a la petanca!_
exhortativa		_¡Raúl, juegue a la petanca_
dubitativa		_Quizá Raúl juegue a la petanca_
desiderativa		¡Ojalá juegue Raúl a la petanca!

13

1.3. Estructura de la oración: sujeto y predicado

Las palabras que forman las oraciones establecen entre sí una serie de funciones *(sujeto, predicado, complemento, nexo o enlace...)*. De éstas, dos aparecen normalmente siempre, pues son los constituyentes principales de la oración: el **sujeto** y el **predicado**.

——— S ———	——— P ———
Raúl	*juega muy bien al tenis.*
Mis primos de Bilbao	*llegan hoy en tren.*
Yo	*no sé nada de ese asunto.*

> El *sujeto* es el nombre o grupo nominal del que se dice algo.
> El *predicado* es lo que se dice del sujeto.

Para mantener la unidad de sentido que debe poseer la oración, los elementos que la componen han de ir cohesionados. Ello se logra mediante la concordancia de número y persona que existe entre el sujeto y el predicado.

Me gusta tu blusa.   **Me gustan tus blusas.**

Tú no **irás** *solo al cine.*   **Vosotros** *no* **iréis** *solos al cine.*

1.4. Oraciones unimembres

Observemos ahora las siguientes oraciones:

¡Bravo!   *¡Hala bruto!*

¡Sí, de acuerdo!   *Bien... bien.*

Otro incendio en el monte.   *Carretera en obras.*

Todo a cien pesetas.   *Rebajas del verano.*

En muchos mensajes hablados en los que predominan las funciones **expresiva, conativa** y **fática**[1] las oraciones carecen de la estructura normal. Lo mismo ocurre con las interjecciones cuando no forman parte de una oración y de muchos titulares de prensa y anuncios publicitarios.

Estas oraciones que no presentan la estructura normal de sujeto y predicado reciben el nombre de **oraciones unimembres.**

---

[1] El lenguaje se emplea en la función **expresiva** cuando se pone de manifiesto la interioridad del hablante; en la **conativa** cuando sirve para dirigir la actividad del oyente; y **fática** cuando se emplea para poner de manifiesto que la comunicación no se ha interrumpido.

findout, ascertain

9. .Averigua, mediante la concordancia, el sujeto y el predicado de las siguientes oraciones. Ten en cuenta que el lugar que ocupa el sujeto en la oración es variable.

Ej.:

Me agrada esta canción.　　　　　*Me agradan **estas canciones.***

Me molesta ese ruido.　　　　　...

Entrega tú ese paquete en correos.　　tú: sujeto Entrega...... esa paque: P

Mi hermana quedó eliminada.　　　　...

Mi primo y yo te acompañaremos.　　...

Es demasiado oscura esta habitación.　...

Me gustan los huevos fritos.　　　　...

10. Como la oración sólo tiene dos partes, sujeto y predicado, será predicado todo lo que no sea sujeto. Subraya el predicado en las siguientes oraciones.

Ej.:

Eso ya te lo había dicho (yo.)　　　**Eso ya te lo había dicho (yo).**

Te espera en la salida (Juan.)　　　...

(Qué sastre) te ha hecho ese traje?　...

(Este armario) tiene dos baldas rotas.　...

El otro día te vio (Ana) en el parque.　...

Hoy llegan (mis padres) de vacaciones.　...

¡Qué simpático viene hoy (Luis!)　　...

11. Localiza en periódicos y en carteles de anuncios cinco titulares y cinco eslóganes publicitarios que constituyan oraciones unimembres.

titulares	eslóganes

12. Demuestra lo que sabes.

1. Subraya con una raya el sujeto en las siguientes oraciones y el predicado con dos.

   Ojalá mi hermana apruebe las matemáticas.

   ¿Este chucho es tuyo?

   ¿Qué diablos hace ese gato en el salón?　　thin wall/partition

   Estos albañiles han levantado el tabique en dos días.

   Me desagradan muchísimo esos chillidos.　　yells/screams

2. Formula dos oraciones unimembres.

   ...¡otra! ¡bis!...　　　...Entrada libre...
   (encore)

15

1.5. Oraciones impersonales

Observemos estas otras:

Me han hablado muy bien de Luisa.
Dicen que te casas.

En esta casa hay goteras.
Ya hace un mes desde su marcha.

En estas oraciones el sujeto no se expresa ni se sobreentiende por el contexto y la situación de los interlocutores. Estas oraciones son unimembres y reciben el nombre de **impersonales.**

Fijémonos ahora en estas oraciones:

(tohau)

Ha granizado durante dos horas.
¡Nevaba en julio!
Relampaguea en la sierra.

Los verbos **granizar, nevar, relampaguear** y otros que expresan fenómenos naturales forman una modalidad de oración impersonal cuando se usan con su significado propio en la tercera persona de singular.

1.6. Oraciones con el sujeto o el verbo omitidos

Observemos cómo se omiten elementos oracionales en el siguiente diálogo:

—Luis ha veraneado este año con nosotras.
—¿Dónde habéis estado?   (vosotros)
—En Salou.   (nosotros-hemos estado)
—¿Tus hermanos pequeños también?   (han estado)
—Llegaron unos días a fin de mes.   (mis hermanos)

Frecuentemente se omiten el sujeto, el predicado u otros elementos oracionales cuando el contexto o situación permiten su correcta comprensión.

1.7. Las partes de la oración

Al estudiar las partes que integran la oración hemos de distinguir claramente entre categorías funcionales y no funcionales. Son categorías no funcionales las llamadas partes de la oración: **nombre, determinante, adjetivo, pronombre, verbo, adverbio, preposición** y **conjunción;** y categorías funcionales: **sujeto, predicado, complemento, atributo, nexo** o **enlace,** etc.

tink
connection

13. Construye oraciones con los siguientes verbos.

anochecer   *Algunos días de verano anochece a las diez.*
granizar   *Ayer, granizó por la tarde.*
llover   *¡Llueve a cántaros!*

14. No siempre los verbos que expresan fenómenos naturales se emplean en su significado propio y entonces pueden tener sujeto.

Ej.:

El cielo (sujeto) truena con furia.

Forma oraciones en las que los siguientes verbos lleven sujeto:

anochecer   *el día anochece normalmente a las siete y media*
diluviar   *el cielo diluvia en agosto.*

15. En el siguiente diálogo hay muchos elementos oracionales omitidos. Escribe completa la oración con todos sus elementos.

—¿Quién ha visto el accidente?   *Yo he visto el accidente*
—Yo.
—¿Tú solo?   *Tú solo has visto el accidente*
—No, también Ana.   *No. También Ana ha visto el accidente*
—¿Y cómo sucedió?   *¿Y cómo sucedió el accidente?*
—No sé.   *No sé cómo el acc. se sucedió*
—¿Cómo? ¿Eres tonto?   *¿Tú eres tonto?*
—No, ocurrió todo tan deprisa...   *No soy tonto, el accidente ocurrió tan deprisa.*

16. Las siguientes oraciones son impersonales y de sujeto omitido. Distínguelas.

Todavía no ha llegado.   S.O.
En esta casa hace muchísimo calor.   Impersonal
Dices muchas cosas inexactas.   S.O.
En aquel tiempo éramos muchas bocas en casa.   Imp.

17. Demuestra lo que sabes. Separa el sujeto y el predicado en las siguientes oraciones. Señala las impersonales en su caso.

Estamos a punto de triunfar. | ¿Hay alguien por ahí? | *En este invierno ha hecho mucho frío.* | Después de la fiesta, amanecimos en el parque. | ¿Cuándo ha llegado Beatriz? | No hubo en la fiesta casi nadie.

sujeto	predicado
	estamos a punto de triunfar
—	amanecimos en el parque
Beatriz	cuándo ha llegado
Casi Nadie	no hubo en la fiesta

Por ello, al analizar una oración como la siguiente:

Este caballo cojea mucho.

no debemos decir sujeto *este caballo* y verbo *cojea,* sino sujeto *este caballo* y predicado *cojea mucho,* que tiene como núcleo el verbo *cojea.*

Pero unas y otras categorías están interrelacionadas: la clasificación de las palabras en partes de la oración tiene lugar atendiendo a la función que normalmente realizan en la misma. Así, en la oración *Este gallo no tiene cresta* decimos que *gallo* es un nombre porque realiza la función de sujeto; *tiene* es verbo por ser núcleo del predicado; *este* y *aquel* son determinantes porque precisan el significado de un nombre, etc.

> **Parte de la oración es el conjunto de palabras de una lengua que realiza la misma función en la oración.**

1.8. Partes variables y partes invariables. Monemas y palabras

La palabra es una unidad que cualquier hablante reconoce y aísla de manera intuitiva; sin embargo, la Lingüística encuentra grandes dificultades en definirla. Ello es debido a las diferentes estructuras que puede presentar. Veámoslo:

$$camisa \frac{camisa}{prenda\ de\ vestir...}$$

$$camisero \frac{camis + er + o}{prenda\ de\ vestir + persona\ relacionada\ con + género\ masculino}$$

Observemos que hay palabras que pueden descomponerse en varios elementos significativos. Cada secuencia de sonidos que tiene un significado es un **monema.**

> **El monema es la unidad más pequeña de la lengua dotada de significación**

Hay palabras que constan de un solo **monema:** *sol, aceite, mermelada, por,* etc. Pero la mayoría consta de dos o más monemas: *sol + ec + illo, aceit + er + a, im + perdon + able...*

Ahora podemos definir la **palabra** como:

> **La unidad que consta de uno o más monemas y que puede aislarse mediante pausas en la lengua hablada y por espacios en blanco en la lengua escrita.**

18. En las siguientes oraciones la palabra *verde* pertenece a dos categorías diferentes (nombre y adjetivo). Diferéncialas.

> Pararemos a comer en la casa **verde**. ....*adj.*..........
> El **verde** me gusta muchísimo. ....*nombre*..........

19. Emplea las siguientes palabras unas veces como nombre y otras como adjetivo.

Ej.:

astronauta

> Los americanos han mandado dos astronautas a Marte.
> Es una escuela de mujeres astronautas.

autodidacta

> Son músicos autodidactas
> Picasso fue un autodidacta

español

> El español es una lengua bonita.
> Marisa es una chica española

rojo

> El rojo es más grande que el azul
> Quieres comprar un coche rojo

20. A pesar de que no podemos precisar qué parte de la oración es una palabra hasta que la empleamos en una oración, todas ellas realizan normalmente una que recoge los diccionarios. Ten en cuenta que emplean abreviaturas que explican en la introducción.

Obsérvalo en las siguientes palabras:

> CENCERREAR: *v.* Tocar o sonar insistentemente un cence-rro. *cowbell*
>
> CENCERRO: *m.* Campana pequeña y cilíndrica, tosca por lo común, hecha con chapa de hierro o de cobre. Se usa para el ganado y suele atarse al pescuezo de los animales.
>
> CENCERRIL: *adj.* Perteneciente o relativo al cencerro.

Señala qué categoría adjudica el diccionario a las siguientes palabras:

> bula, copa, alcayata, musgo, pesar, evidentemente, aunque, mismo.
> n. n. n. n. v. adv. conj. adj., adv., conj.
> bull cup hook moss though

21. Demuestra lo que sabes. Intenta distinguir qué partes de la oración son las palabras del siguiente texto. Si no conoces alguna, recurre a tu diccionario.

En esta zona pescaban cangrejos a mano, levantando con cuidado las piedras y apresando fuertemente a los animalitos por la parte ancha del caparazón, mientras éstos retorcían y abrían pasosamente sus pinzas en un postrer intento de evasión tesonero e inútil.

MIGUEL DELIBES: *El camino*. Ed. Destino.

Monemas lexemas y monemas morfemas

Observemos los monemas de que consta la siguiente oración:

Mi/ prim/o/ viv/e/ en/ un/ viej/o/ cas/erón.

— Hay monemas que tienen significado léxico, expresan conceptos, cualidades, procesos, etcétera, que recogen los diccionarios: *prim-, viv-, viej-, cas-*. Se llaman **lexemas.**

— Otros, por el contrario, sirven para relacionar unos morfemas con otros o modificar su significado: *mi* indica que detrás viene un nombre que tiene una relación de posesión con la primera persona; *-o* expresa género masculino, etc. Se llaman **morfemas.** Su significado es gramatical, es decir, expresan relaciones entre unas y otras palabras.

Las palabras que tienen significado léxico son los *nombres, adjetivos, verbos* y *adverbios.* Los *artículos, preposiciones* y *conjunciones* poseen significado gramatical. El *pronombre,* como después veremos, tiene significado ocasional, el del nombre al que se refiere.

Clases de morfemas dependientes

Hay morfemas independientes, es decir, que por sí solos forman una sola palabra: *el, con, por, pues...* Pero otros se unen a un lexema formando una palabra y se llaman **morfemas dependientes.** Pueden ser de varias clases:

— **Morfemas derivativos:** se añaden al lexema para formar nuevas palabras derivadas. Se distinguen:

- **Prefijos,** si van delante del lexema: ***des**-habitar,* ***in**-decente.*
- **Sufijos,** cuando van detrás: *mes-**illa**, roj-**izo**, cant-**urrear**.*
- **Interfijos,** si van en medio de la palabra, normalmente entre el lexema y el sufijo: *cafe-**l**-ito, polv-**ar**-eda.*

— **Morfemas flexivos:** expresan las categorías gramaticales de género, número, grado, persona, tiempo, modo, aspecto...

> **Son palabras variables las que llevan morfemas flexivos y, por tanto, cambian de forma: nombres, determinantes, adjetivos, pronombres y verbos.**

22. **Escribe cinco palabras que tengan...**

prefijos   *desnudar* ....

sufijos   ....

interfijos   ....

morfemas flexivos ....

23. **Subraya el lexema en las siguientes palabras.**

<u>cami</u>onero, salchichón, <u>cancion</u>cilla, pre<u>ven</u>ido, <u>arb</u>oleda.

24. **Escribe diez palabras que tengan un solo monema.**

...............*si   no   vez   en   la   el* ....

....

25. **Forma todas las palabras posibles con los siguientes monemas.**

in- -s separ- -ción   ....

-able ros- -a -eda- serv-   ....

-ir -al -ible -mente   ....

-ada -ar   ....

26. **¿Qué partes de la oración constan de dos o más monemas? Justifica la respuesta.**

....

....

27. **Demuestra lo que sabes. Señala si las siguientes afirmaciones son verdaderas (V) o falsas (F).**

a) El monema y la palabra son unidades de la lengua que tienen significación. ☐
b) Un monema independiente es aquel que se puede separar libremente de la palabra a voluntad del hablante. ☐
c) Los monemas flexivos son propios de las partes variables de la oración. ☐
d) Los sufijos son monemas flexivos que llevan algunas palabras. ☐
e) Los monemas flexivos sirven para formar nuevas palabras en una lengua. ☐
f) El lexema tiene significado gramatical. ☐

1.9. La interjección

Los sentimientos de amor, odio, asombro, alegría, etc., los manifestamos en la lengua mediante oraciones exclamativas:

¡Esto es vida!   *¡Estoy harto de todo!*   *¡Qué joven estás!*

Cuando esos mismos sentimientos son muy vivos, los expresamos mediante exclamaciones formadas por una palabra que llamamos **interjección:**

¡ah!, ¡ay!, ¡bah!, ¡hala!, ¡uf!

Las interjecciones no son partes de la oración porque por sí solas comunican algo y tienen sentido completo, constituyendo una oración unimembre. Cuando una persona exclama *¡hala!* equivale a decir *¡No seas bruto! | ¡Qué barbaridad haces! | ¡No exageres tanto!*, etc., y otras parecidas.

> **Las interjecciones son palabras invariables que equivalen a una oración. No son, por tanto, partes de la oración.**

Pueden clasificarse en dos grupos: propias e impropias.

— Son **interjecciones propias** las palabras que sólo son interjecciones. Se incluyen en este grupo:

- Las citadas anteriormente: *¡ah!, ¡eh!, ¡bah!, ¡oh!*
- Muchas **onomatopeyas**[1]: *¡zas!, ¡boom!, ¡cloc!, ¡plaf!*
- Las palabras con que nos dirigimos a los animales: *¡arre!, ¡so!, ¡ox!, ¡pío, pío!, ¡zape!*

— Son **interjecciones impropias** los *nombres, adjetivos, verbos* y *adverbios* que se emplean, a veces, como interjección y no funcionan como una parte de la oración:

¡anda!, ¡diablo!, ¡ahora!, ¡bravo!, ¡silencio!, ¡precisamente!, ¡así! ¡bocazas!, ¡narices!, ¡alto!

No hay que confundir un verbo usado como interjección impropia de aquellos otros en los que se formula una oración exclamativa en la que se omite el sujeto. Si decimos *¡váyanse!, ¡corred!, ¡calla!*, podemos deducir el sujeto: *váyanse ustedes, corred vosotros, calla tú;* pero en *¡Oiga!, se le ha caído el pañuelo* no le pedimos que oiga nada, sino que simplemente llamamos su atención y equivale a *¡eh!*.

> **Las interjecciones se escriben normalmente entre signos de admiración (¡!).**

---

[1] Se llama **onomatopeya** a la palabra que intenta reproducir los sonidos o ruidos naturales de la realidad.

28. Si alguien sufre un fuerte susto podrá exclamar ¡uf!

Señala en qué contextos podrías emplear las siguientes interjecciones:

¡bah! ....

¡ojalá! ....

¡eh! ....

¡oh! ....

¡hala! ....

29. Construye oraciones en las que emplees las siguientes interjecciones.

¡ay! ....

¡as! ....

¡narices! ....

¡ya! ....

¡estupendo! ....

¡silencio! ....

30. Une con flechas la interjección con el animal al que se grita con ella.

¡arre!

¡ox!   gato

¡pío, pío!   burro

¡zape!   gallinas

¡so!

31. Distingue en los siguientes verbos si son interjecciones impropias u oraciones exclamativas con el sujeto omitido.

¡Márchese de aquí! ....

¡Vaya! Otra vez nos quedamos sin gasolina. ....

¡Diga! Ahora le escucho muy bien. ....

¡Anda más aprisa, que llegamos tarde! ....

¡Anda, que si llegamos un minuto tarde...! ....

32. Demuestra lo que sabes. Señala si las siguientes afirmaciones son verdaderas (V) o falsas (F).

a) La interjección no se considera parte de la oración; es una oración bimembre. ☐

b) Las interjecciones propias son aquellas palabras que sólo se emplean como interjecciones. ☐

c) Los nombres, adjetivos y verbos pueden emplearse como interjecciones impropias, pero nunca los adverbios, preposiciones y conjunciones. ☐

d) Las interjecciones pueden considerarse oraciones unimembres porque siempre establecen un acto de comunicación. ☐

Ejercicios de recapitulación y autoevaluación

33. Señala con un redondel la respuesta correcta.

1. El siguiente letrero constituye:

> RESERVADO EL DERECHO DE ADMISIÓN

    a) un mensaje   *b)* una oración   *c)* ambas cosas

2. La oración *¡Cuánto vale la entrada!* es:
    a) enunciativa   *b)* interr. directa   c) exclamativa   *d)* exhortativa

3. En la oración *Dime **cuánto vas a tardar más o menos*** la proposición en negrita es:
    a) dubitativa   *b)* exhortativa   *c)* interr. indirecta   *d)* desiderativa

4. La oración *No aguanto más voces* es:
    a) dubitativa   *b)* exhortativa   *c)* enunciativa negativa   *d)* exclamativa

5. En la oración *En agosto hizo un calor insoportable* el sujeto es:
    a) *un calor insoportable*   *b)* no tiene sujeto porque es impersonal   *c)* *él*

6. En la oración *Este año ingresa tu hermano en la Universidad* el sujeto es:
    a) *este año*   *b)* *ingresa*
    c) *tu hermano*   *d)* *en la universidad*

7. En la oración *La próxima semana jugará el equipo local en casa* el predicado es:
    a) *jugará el equipo en casa*   *b)* *jugará*
    c) *la próxima semana jugará en casa*   *d)* *la próxima semana jugará*

34. Señala el sujeto en las siguientes oraciones. Si no se expresa, distingue si es o no impersonal.

¿Hay gente en casa? ....

¡Ya estás otra vez con tus gracias! ....

Había al menos un centenar de personas. ....

El otro día cumplí con mi palabra. ....

En los últimos años ha llovido muy poco. ....

La semana pasada estuvimos en Guadalajara. ....

Acaso granice esta tarde de lo lindo. ....

Con tanta juerga amanecimos en la plaza. ....

En septiembre anochece ya muy pronto. ....

Este secreto lo sabe ya todo el mundo. ....

35. **Ejercita tu ingenio.**

a) Amplía la oración *Luis juega* lo más que puedas.

....

....

....

¿Piensas que existe la oración más larga? Justifica la respuesta.

....

b) El orden de los elementos oracionales es muy variado en castellano.

Escribe la oración *Dentro de tres meses se va a jubilar mi profesor de Historia a causa de una grave enfermedad* variando de todas las formas posibles el orden de sus elementos.

....

....

....

c) Explica razonadamente si constituyen o no oraciones las siguientes secuencias de palabras.

Este coche se ha comido tres kilos de sandía.

....

En aquel monte tenían mi tío cien ovejas.

....

¡Vaya moto!

....

d) Decimos que una oración es inaceptable cuando es incorrecta desde el punto de vista de la gramática. Distingue si son o no aceptables las siguientes oraciones.

De noche todos los gatos parecen pardos. ....

De día el murciélago duermen. ....

Primo el tuyo en casa mía comió. ....

Las lentejas se casan en primavera. ....

Claudia ha dicho. ....

f) Ordena las siguientes palabras y formarás un refrán.

como   más   amigo   te   cuando
hace   te   memoria   la   el   falla
mal   es   falta

....

....

....

36. **Sigue la pista.**

a) Lee atentamente la siguiente adivinanza:

    Un árbol con doce ramas;
cada una tiene sus nidos;
cada nido, siete pájaros;
cada cual, su apellido.

Ahora contesta:

- ¿Cuántas oraciones tiene este mensaje? ....
- Adivina cuál es el sujeto de la oración *Un árbol con doce ramas* ....
  ¿Cuál es el predicado? ....

b) Lee atentamente el siguiente fragmento de *El Jarama*, novela de Rafael Sánchez Ferlosio.

La madre llamó de nuevo. El conejo se había parado a la puerta de su madriguera.
Amadeo insistía:
—¡Venga!
—Espera. A ver lo que hace ahora.
Justina se ponía tras ellos, sin que la hubiesen sentido venir.
—Os llama tu mamá.
Se volvieron sorprendidos de oír una voz. Justina sonreía.
—¿Qué? ¿Os ha gustado la coneja? Es bonita, ¿verdad? ¿Sabéis cómo se llama?
—¿Tiene nombre?
—Claro que tiene nombre. Se llama Gilda.
La niña puso una cara defraudada.
—¿Gilda? Pues no me gusta. Es un nombre muy feo.

Ahora contesta:

- Localiza una interjección. .... ¿Es propia o impropia? ....
- Señala dos oraciones en las que se han omitido el sujeto y el predicado a la vez.

  ....

- Subraya el predicado en las siguientes oraciones. A continuación escribes el sujeto. Si está omitido, lo escribes entre corchetes.

  Ej.:

Espera.	[tú]
Os llama tu mamá.	....
¿Os ha gustado la coneja?	....
¿Tiene nombre?	....
Se llama Gilda.	....
La niña puso una cara defraudada.	....
Pues no me gusta.	....
Es un nombre muy feo.	....

II
EL GRUPO NOMINAL

2. El núcleo: el nombre y el pronombre

2.1. Estructura del grupo nominal (GN). El núcleo: nombre y pronombre

El núcleo o palabra más importante del sujeto es el nombre. El nombre puede ir solo:

— S — ————— P ————
Claudia te ayudará en Matemáticas.

Pero, normalmente, va acompañado de otras palabras *(determinantes* y *complementos)* que precisan y limitan su significado formando el GN:

———— S ———— ———— P ————
Mi hermano mayor estudia en la Universidad.

La estructura que puede presentar el GN, bien en la función de **sujeto** o en cualquier otra **(complemento directo, indirecto, circunstancial,** etc.) es, por tanto, muy variable y la iremos viendo poco a poco. Aquí vamos a estudiar el núcleo.

Las palabras que pueden ser núcleo del GN son el **nombre** y el **pronombre,** que es su sustituto.

***Jorge** llega siempre tarde.*　　　　***Él** llega siempre tarde.*

No obstante, cualquier otra parte de la oración puede realizar, ocasionalmente, la función de núcleo del GN, característica del nombre. Entonces decimos que se ha **nominalizado** o sustantivado[1]. Así:

- un **adjetivo:** *Los **inteligentes** no son siempre buenos estudiantes.*
- un **verbo:** *El **llorar** es bueno en algunas ocasiones.*
- un grupo de palabras: ***Quien bien te quiere** te hará llorar.*
- cualquier otra clase de palabras, normalmente para explicar el funcionamiento de la propia lengua:

  *Ese **no** rotundo me ha agradado.* **(adverbio)**
  ***Por** es una **preposición** muy usada en español*
  ***Pues** se escribe entre comas.* **(conjunción)**
  *He escuchado un **ay** sobrecogedor.* **(interjección)**

De todas ellas, las que se nominalizan con más frecuencia son el adjetivo y el verbo en infinitivo.

---

[1] El cambio de categoría gramatical que puede experimentar una palabra en la oración recibe el nombre genérico de **metábasis.** Son metábasis frecuentes, además de la **sustantivación,** la **adjetivación** y la **adverbialización.**

37. Formula oraciones en las que los nombres siguientes funcionen como sujetos, bien solos o formando un grupo nominal.

Joaquín *(wild boar)* ... *Joaquín bebe mucha cerveza*

jabalí *(wild boar)* ... *El jabalí corrió tras del gato*

Rocinante *(?)* ... *El señor Rocinante quiere llamarme*

38. Señala qué clase de palabras son normalmente las siguientes. A continuación escribe oraciones en las que funcionen como sujeto.

Ej.:

dormir — verbo — *El **dormir** ocho horas es muy sano.*

comer — *verbo*

ignorante — *adj.* — *El ignorante no conoce la capital de la Francia*

efectivamente — *adv.*

según — *prep./adv.(?)* — *Según es una preposición*

aunque — *conjunción(?)* — *Aunque es una conjunción*

un — *art.* — *un u otro es bueno.*

aprecias: appreciate / evaluate / assess

39. Explica las diferencias que aprecias en las palabras en negrita.

*El **azul** del cielo se oscureció por momentos.* → azul: nominalizado (N.N.)

*El cielo **azul** se oscureció por momentos.* → " : adjetivo

*El Presidente del Gobierno es, efectivamente, **socialista**.* → adjetivo

*El Presidente del Gobierno es, efectivamente, un **socialista**.* → G.N.

40. Demuestra lo que sabes. Subraya las palabras sustantivadas. Señala qué clase son normalmente.

Ej.:

Lo interesante de esta película es la fotografía. — adjetivo

Es fea, pero tiene un no sé qué muy interesante. — Frase artículo

El cuándo y el cómo lo sabrás en su momento. — adv. interrogativos/verbos

Aquel ay en la oscuridad me aterrorizó. — interjección exclamación

Los rojos eran los republicanos en la guerra civil. — adj./adj.

Tienes un andar muy gracioso. — verbo

Siempre se ha dicho que «más vale un toma que dos te daré». — Frase expresión

Tienes que conocer el largo y el ancho de la mesa antes de comprar el mantel. — adj.

Los alrededores de este pueblo son muy bonitos. Tiene una arboleda preciosa. — adverbio

En esta clase los listos estudian poco, pero los tontos menos. — adj.

29

núcleo del GN/acomp. de determinantes

2.2. Qué es el nombre o sustantivo

Para estudiar el nombre podemos adoptar varios criterios:

- **Funcional.** El nombre es el núcleo del grupo nominal en cualquiera de las funciones que puede realizar: *sujeto, atributo, complemento directo,* etc.; y es la única clase de palabras que puede ir acompañada de determinantes.

- **Semántico.** El nombre designa **cosas**[1] **materiales**, que se perciben por los sentidos:

  personas: *Andrés, Rebeca, Carlos.*
  animales: *serpiente, oveja, abeja, mosquito.*
  objetos: *pared, valla, bombilla.*

  O **cosas inmateriales**, que se perciben únicamente con la inteligencia o con el pensamiento:

  conceptos o ideas: *Dios, infierno, marxismo, verdad.*
  cualidades: *belleza, bondad, blancura.*
  acciones: *llegada, sufrimiento, encantamiento.*

- **Formal.** Es una parte variable de la oración que experimenta variaciones de género y de número.

2.3. Clases de nombres según su significado

Pueden distinguirse varios grupos:

Nombres comunes y propios

El **nombre común** designa a todos los seres de la misma clase o especie teniendo en cuenta los rasgos semánticos inherentes al objeto señalado. Así, cuando designamos una *mesa* nos referimos a un mueble con patas que sostienen un tablero... El **nombre propio,** por el contrario, nombra a un ser en particular, individualizándolo y sin atender a los rasgos semánticos que lo caracterizan. Por ello, con el nombre propio *Iván* podemos nombrar a una persona, un perro, un caballo, etc.

Los nombres comunes, además, se diferencian de los propios en que éstos no pueden llevar determinantes, a excepción de algunos **topónimos** o nombres de lugares: *El Escorial, La Coruña, Los Pirineos;* y nombres propios en plural: *En Zamora hay **tres Moralejas**: Moraleja del Pan, Moraleja del Vino y Moraleja de Sayago.*

En la escritura, los propios se escriben con letra mayúscula inicial:

caballo, chico, río, región, país... comunes
Rocinante, Juan, Duero, Castilla, España... propio.

---

[1] El término cosa está empleado en el significado que da el diccionario académico: **Todo lo que tiene entidad, ya sea corporal o espiritual, natural o artificial, real o abstracta.**

41. Subraya los nombres empleados en las siguientes oraciones. A continuación forma oraciones en las que funcionen como sujeto los nombres que no reducen esta función.

Ej.:

Esta mesa tiene una pata rota.   Esta **mesa** tiene una **pata** rota.

                                        La pata de la mesa está rota.

En el zoo he visto dos osos pandas.

.... *El zoo de San Diego es muy conocido*

.... *Los osos no viven en las ciudades*

El coche nuevo de tu padre tiene una rueda pinchada.

.... *La rueda de mi bicicleta está rota*

.... *El coche destruye el medio-ambiente*

Lleva ya dos meses estropeado el timbre del colegio.

.... *El mes de febrero es el peor de todo el año*

.... *El timbre*

El disco de José Carreras te lo he puesto encima de la mesa.

.... *José Carreras canta*

....

42. Escribe tres nombres que designen...   *amor.*

conceptos   *honradez (honesty)   libertad   amistad*

cualidades   *honradez (honesty), lealtad, generosidad*

acciones   ....

43. Explica las diferencias gramaticales y ortográficas que percibes entre los nombres en negrita.

Mi **compañera** me ha prestado diez pesetas.   *nombre comun + Art (determinado)*

Irene me ha prestado diez pesetas.   *(más específico)   n. propio*

Este año hemos veraneado en **nuestra región**.   *n.c. + det*

Este año hemos veraneado en **Castilla**.   *n.p.*

44. Demuestra lo que sabes. En algunas de las oraciones siguientes hay incorrecciones gramaticales y ortográficas. Señálalas.

En mi casa hay dos **Luises**, mi padre y yo. *no error*   ....

He encontrado a (la) Irene en el mercado. ....

¿Buscas a mi (Padre)? ....

Mi perro se llama Pronto. *no error* ....

(Nuestro) Pepe se va a la mili el martes. ....

(Los Josés) celebran el santo el 19 de marzo. *There's no error* ....

Mi madre se llama (Adela) como mi hermana. ....

Nombres concretos y abstractos

Una cosa es concreta cuando podemos percibirla por algunos de los cinco sentidos: vista, oído, tacto, gusto y olfato. Y es abstracta si carece de materia y únicamente se percibe a través del pensamiento.

Los **nombres concretos** se refieren a objetos materiales que se perciben por los sentidos: *lechuga, aire, perfume, luz.*

Los **abstractos** designan objetos inmateriales, que sólo tienen existencia en nuestra mente: *libertad, igualdad, fraternidad, simpatía, ignorancia, fe, altura, negritud.*

Observemos que los nombres *altura* y *negritud* son abstractos porque designan una cualidad que no podemos percibir independientemente de los objetos que la poseen. Nosotros vemos objetos *blancos, negros,* etc., y, sin ellos, sería imposible distinguir dicha cualidad.

Nombres contables e incontables

Los **contables** se refieren a seres que se pueden contar; es decir, se pueden combinar con los numerales *uno, dos, cincuenta, duodécimo...*

Los **incontables** se refieren a seres que se pueden medir y pesar, pero no contar: *trigo, cerveza, harina, arena.*

Con los nombres incontables no podemos establecer la diferencia entre uno **(singular)** y varios **(plural).** Por ello, su uso en plural tiene significados especiales:

*Los **vinos** (clases de vino) de España son muy afamados.*
*Los **fríos** (se intensifica la cualidad) del invierno perjudican a los ancianos.*
*El barco se perdió en las **aguas** (se intensifica la cantidad) del océano.*

Un nombre contable puede emplearse como incontable, pero con significado diferente:

*Tengo cinco **corderos**. (animal)*
*He comido **cordero** asado. (materia, carne de ese animal)*

Igualmente puede suceder a la inversa:

*Aquel encuentro fue una **casualidad**.*
*Son demasiadas **casualidades** encontrarte siempre fumando.*

45. Clasifica los nombres siguientes en concretos y abstractos.

alma, vaho, niebla, vejez, jueza, escarcha, perla, trueno, mercurio, canción, vello, enfado, murmullo, juventud, riqueza, angustia, alegría.

concretos	abstractos
....	....
....	....
....	....
....	....

46. Algunos nombres pueden ser concretos o abstractos según el uso.

Ej.:

La **construcción** de esta casa ha sido muy lenta.
En esta ciudad abundan las **construcciones** antiguas.

Explica en qué caso está empleado como concreto y abstracto, a través del diferente significado que poseen en una y otra oración.

....

....

47. Escribe el nombre de diez cosas que se pueden contar y de otras diez que se puedan pesar o medir, pero no contar.

se pueden contar	no se pueden contar
....	....
....	....

48. Señala el significado que tiene el plural en las palabras señaladas en negrita de las siguientes oraciones.

Las **aguas** siempre vuelven a su cauce. ....

Han abierto una tienda de **caramelos** en mi calle. ....

49. Demuestra lo que sabes.

a) Observa el significado de los siguientes nombres en negrita y distingue si están empleados como contables o incontables.

Anda un **toro** suelto por las calles. ....

En esta tienda venden carne de **toro**. ....

Llevo comiendo **pollo** toda la semana. ....

¿Quieres **pollo** frío para cenar? ....

b) ¿Son concretos o abstractos los nombres en negrita de las frases anteriores? Justifica la respuesta.

....

....

Nombres individuales y colectivos

Los **individuales** designan, en singular, a un solo objeto contable. Son la mayoría: *papelera, carnero, atleta, país.*

Los **colectivos** designan, en singular, un conjunto de objetos contables:

- *arboleda* (conjunto de *árboles*)
- *orquesta* (conjunto de *músicos*)
- *enjambre* (conjunto de *abejas*)
- *escuadra* (conjunto de *barcos*)

A veces, algunos nombres individuales, en singular, pueden referirse a la totalidad de seres que llevan ese nombre, y funcionan como colectivos:

El **hombre** es mortal. (todos los hombres)
El **camaleón** está en peligro de extinción. (todos los camaleones)

2.4. El género de los nombres

El nombre es una parte variable de la oración porque presenta diversas formas para expresar el género y el número:

oso, osa, osos, osas.

El **género** permite establecer una diferenciación sexual en los nombres de personas y animales:

- **varones** y **machos** (*niño, mozo, gato, asno*) son **masculinos.**
- **mujeres** y **hembras** (*niña, moza, gata, burra*) son **femeninos.**

Los nombres de cosas y de conceptos tienen un único género, masculino o femenino, fijado por el uso de la lengua.

Son masculinos: *el tenedor, el techo, el silencio, el optimismo.*
Son femeninos: *la cuchara, la cocina, la alegría, la amabilidad.*

En estos casos, el género no es **natural** porque las cosas y los conceptos no tienen sexo. Por eso se llama **género gramatical** y sirve para cohesionar el grupo nominal mediante la concordancia con los determinantes y adjetivos:

*Hay que pintar esta **pared** sucia.*
*Alcánzame ese **jersey** rojo.*

Por ello, para averiguar el género de los nombres de personas y animales se puede recurrir a la regla siguiente:

- son masculinos si pueden combinarse, entre otros, con los determinantes **este, estos:** *este candil, este esfuerzo, estos temores;* y
- femeninos si se combinan con los determinantes **esta, estas:** *esta cal, esta felicidad, estas nubes.*

50. Di a qué seres hacen referencia los siguientes nombres colectivos.

gobierno ....   piara ....   cubertería ....

sindicato ....   trigal ....   ejército ....

velamen ....   tripulación ....   gentío ....

clientela ....   chiquillería ....   bandada ....

51. Escribe el colectivo con que se designa el conjunto de:

diputados ....   rosas ....

ovejas ....   árboles ....

abejas ....   hayas ....

luces de una ciudad ....   olivos ....

cajones de una mueble ....   frutos recolectados ....

52. Di cuál es el género de las siguientes palabras. Escribe *m* o *f*.

.... césped   .... tranquilidad   .... laúd

.... trombón   .... encinar   .... lingote

.... cutis   .... enchufe   .... alicates

.... poema   .... niebla   .... moto

.... sordidez   .... rojez   .... cañaveral

53. Demuestra lo que sabes. Subraya los nombres de este texto. A continuación los analizas en el cuadro siguiente.

Los perros de Berbusa salieron a mi encuentro hasta el camino y ya no me dejaron, mientras permanecí en el pueblo, ni un segundo. Asustados y hoscos, me ladraban de cerca, mostrándome sus fieras dentaduras, como si yo fuera un ladrón o un vagabundo. Pero la algarabía de los perros no pareció alertar a los vecinos.

JULIO LLAMAZARES: *La lluvia amarilla.* Ed. Seix Barral

nombres	común — propio	concreto — abstracto	contable — incontable	individual — colectivo	masculino — femenino
perros	común	concreto	contable	individual	masculino
Berbusa	P.	con.	cont.	individual	fem.
encuentro	c.	abst.	cont.	idn.	masc.
el camino	c.	con.	cant.		
el pueblo	"				
segundo	c.	abst.	"	"	"
dentaduras	"	conc.	"	"	
ladrón	c.	"	"	coled	fem.
vagabundo			"	ind.	mas
algarabía		abs	inc	colectiva	fem

2.5. Modos de expresarse el género

La formación del femenino en castellano se realiza de modos muy diferentes.

— En **nombres de personas y animales:**

- Muchísimos nombres terminados en **-o** (y a veces **-e**) en el masculino forman el femenino cambiándolos en **-a:**

  abuelo-abuela   *presidente-presidenta*
  lobo-loba   *elefante-elefanta*

- Cuando el masculino acaba en consonante hace el femenino añadiendo una **-a:**

  doctor-doctora   *león-leona*

- Algunos nombres forman el femenino mediante los sufijos **-esa, -isa, -ina** o **-iz:**

  alcalde-alcaldesa   *poeta-poetisa*
  rey-reina   *actor-actriz*

- Otros nombres usan palabras distintas:

  *yerno-**nuera***   *carnero-**oveja***

- Hay nombres que designan indistintamente al macho o varón y a la hembra o mujer de su especie, pero sólo funcionan con un género, masculino o femenino.

  *Al acercarnos comprobamos que la **víctima** era /un hombre/una mujer.*
  *Hay un solo **gorila**/macho/hembra en este zoo.*
  *El **gentío** aplaudió calurosamente a sus líderes.*

— En **nombres de cosas y conceptos:**

Estos nombres no varían porque tienen un único género, masculino o femenino, que sirve para combinarse en el grupo nominal con los determinantes y adjetivos. Por ello, decimos que diferencian el género mediante los determinantes:

- **masculinos:** *un paraguas, ese paraguas, aquel paraguas viejo; el odio.*
- **femeninos:** *la nariz, una nariz achatada; la honradez.*

Algunos nombres de cosa se usan indistintamente en masculino o femenino a voluntad del hablante:

***el-la** mar*   ***el-la** azúcar*   ***el-la** pringue*   ***el-la** casete; y pocos más.*

Otros, en cambio, tienen distinto significado según se empleen como masculino o femenino:

el cometa (astro)   *la cometa* (juguete)
el cólera (enfermedad)   *la cólera* (gran enfado)

54. Escribe los siguientes nombres en género femenino.

príncipe	....	*marido*	....
caballo	....	*inspector*	....
macho	....	*sacerdote*	....
duque	....	*zar*	....
emperador	....	*ternero*	....

55. Subraya en los siguientes nombres de persona y de animales aquellos que emplean la misma forma para el masculino y el femenino.

yerno	*astronauta*	*suegro*
mecanógrafa	*linotipista*	*periodista*
criatura	*abogado*	*diputado*
rinoceronte	*culebra*	*tigre*
rana	*sapo*	*renacuajo*
toro	*cordero*	*camello*

56. Señala el diferente significado que tienen las siguientes palabras mediante un ejemplo.

Ej.:

el orden *grupo religioso* *Ha recibido el sacramento del orden sacerdotal.*

la orden → una orden / mandato

los lentes gafas

las lentes para una cámara

el cura

la cura para curar / remedio

el trompeta el que toca la trompeta

la trompeta instrumento

el parte un informe (informe?) un mensaje

la parte sección

el pelota lameculos

la pelota ball

57. Demuestra lo que sabes. Subraya los nombres del texto siguiente. Los masculinos con una raya; los femeninos, con dos.

Al amanecer, el capitán se dirigió a proa y, dando unos golpes sobre cubierta, ordenó a los prisioneros que subieran a trabajar. Pero éstos se negaron. Entonces se les descolgó agua y se les echó un puñado de galletas, tras lo cual, el capitán volvió a echar la llave, se la metió en el bolsillo y volvió al alcázar. Repitió la misma operación dos veces al día durante tres días; pero en la mañana del cuarto se oyó la discusión y forcejeo cuando se hizo el llamamiento de costumbre y, de pronto, salieron cuatro hombres del castillo de proa diciendo que estaban dispuestos a ponerse a trabajar.

HERMAN MELVILLE: *Moby Dick.*

2.6. El número de los nombres

El número permite diferenciar en los nombres si nos referimos a un objeto (**singular**) o a más de uno (**plural**):

muchacho-**muchachos**   león-**leones**   sofá-**sofás**

2.7. Modo de expresarse el número

El **singular** no tiene una terminación característica. Puede acabar en cualquier vocal o consonante: *pie, tribu, rata, candil, paréntesis.*

El **plural** acaba en **-s** o **-es**, según las reglas siguientes:

- Cuando el singular termina en vocal, se añade una **-s**:

  *frente-**frentes**   tribu-**tribus**   mapamundi-**mapamundis**   bebé-**bebés***

- Algunos nombres, acabados en **á, í** o **ú** (acentuadas), pueden formar el plural añadiendo **-es**:

  *faralá-**faralaes**   rubí-**rubíes**   bambú-**bambúes***

  Pero se emplean también las formas en **-s**:

  maniquís, bambús, rubís...

y siempre se usan: *mamás, papás, sofás.*

- Cuando el singular acaba en consonante, se añade **-es**:

  *red-**redes**   antifaz-**antifaces**   temor-**temores**   sartén-**sartenes***

- Si el singular acaba en **-s,** el plural se forma de dos maneras:

  — los nombres **agudos**[1] añaden **-es**:

  *compás-**compases**   revés-**reveses***

  — los nombres **graves**[2] y **esdrújulos**[3] no varían de forma y la diferencia de número se expresa mediante determinantes y adjetivos:

  el/los *viernes   **el/los** intríngulis   virus **maligno/malignos***

2.8. Nombres que sólo se usan en singular o en plural

- Unos pocos nombres sólo se emplean en singular; carecen de plural:

  sur, este, oeste, sed, salud, tez...

- Otros cuantos se emplean sólo en plural:

  víveres, entendederas, ambages, arras, esponsales...

- Y se usan en plural, aunque se tiende a emplear también en singular, los nombres que se refieren a objetos formados por dos componentes:

  tijeras, alicates, tenazas, pinzas, gafas, pantalones, calcetines.

---

[1] Son **nombres agudos** los que llevan el acento en la última sílaba.
[2] **Graves** si lo llevan en la penúltima.
[3] **Esdrújulos** cuando llevan el acento en la antepenúltima.

58. Distingue, en las siguientes oraciones, si el plural de los nombres en negrita es un verdadero plural o si su uso es ponderativo o enfático.

Los **vinos** manchegos son muy suaves. ....

Retira de ahí esos **gatos**. ....

Retira de ahí esos **hierros**. ....

Las **calles** de esta ciudad están llenas de **papeles**. ....

Los **humos** de esta fábrica contaminan gravemente. ....

● ¿A qué se debe el uso ponderativo o enfático del plural?

....

....

diptongo·

59. Forma el plural de los siguientes nombres.

marqués	*marqueses*	mamá	*mamás*	buey	*bueyes.*
laúd	*laúdes*	no	*no*	régimen	*regímenes*
sofá	*sofás*	martes	*martes*	menú	*menús.*
sí	*sí/síes*	carácter	*caracteres*	autobús	*autobuses*
faralá	*faralaes*	montacargas	*montacargas·*	papá	*papás·*
jabalí	*jabalíes*	testuz	*testuces.*	champú	*champúes*

60. Escribe oraciones en las que emplees las siguientes palabras.

Ej.:

ambages   *Te he pedido que me contestes sin **ambages**.*

hablillas   *chismes. / gossip*

exequias   *funerales.*

facciones   *features of somne's face*

cenit

salud   *"health"*

61. Demuestra lo que sabes. Escribe las frases siguientes cambiando el número de todos los nombres empleados.

En esta barriada vive un niño abandonado.S

Estas   s   n   unos   niños

Chaval, alcánzame ese alicate y las pinzas que están encima de la mesa.

eses alicates

¡Este montacargas da unos sustos! Casi rompó mi laúd.   *rompimos*

Estos   dans   Casi   mis laúdes

nuestros.

Para estos caminos no hace falta alforjas.

....

Mi papá ha dicho un sí rotundo.

Mis   han dicho unos sí rotundos

papás

2.9. El plural de las palabras latinas acabadas en consonante

En castellano se emplean palabras latinas que acaban en consonante:

déficit, superávit, referéndum, réquiem, accésit, plácet, tedéum.

Estas palabras no siguen la regla general de formar el plural añadiendo **-es** porque resultan raras. Permanecen invariables y el plural se señala mediante los determinantes:

En este año se han celebrado dos referéndum.
En la convocatoria anual de poesía se conceden cuatro accésit.

Hay una palabra, sin embargo, que sí hace el plural en **-es:** *álbum-álbumes.*

2.10. El plural de los nombres propios

Los nombres propios de persona y los apellidos de personajes ilustres admiten el plural cuando se refieren a varias personas, llamadas de esta manera, o a los individuos de una familia o de una estirpe:

*Hoy es el santo de **los Juanes.***
*En esta clase hay **tres Irenes.***

***Los Borbones** siguieron a **los Austrias** en el reinado de España.*
***Los Escipiones** fueron famosos generales romanos.*

Sin embargo, permanecen invariables:

- los apellidos de escritores y artistas famosos:

los Quintero, los Machado, los Baroja.

- los apellidos acabados en **-s** o **-z:**

los Álvarez, los Pérez, los Solís, los Valdés.

- los apellidos de otras lenguas nacionales, distintas al castellano, o extranjeras:

los Bécquer, los Barandiarán, los Churchill, los Dupont.

62. Formula oraciones en las que emplees en plural las siguientes palabras. Si no conoces el significado de alguna, consulta tu diccionario.

Ej.:

tedéum   *Este año he asistido a tres tedéum.*

plácet   ....

superávit   ....

déficit   ....

accésit   ....

referéndum   ....

memorándum   ....

réquiem   ....

álbum   ....

63. Escribe correctamente los nombres y apellidos de las siguientes oraciones.

*En San Sebastián visitaremos a los **Damborrenea**.*   ....

*Hace mucho tiempo que no vemos a los **Llovet**.*   ....

*En este curso hay cuatro **Ramón**.*   ....

*Los hermanos **Baroja**, Pío y Julio, son grandes escritores.*   ....

*Mis vecinos, los **Cooper**, son muy agradables.*   ....

*Los **Gómez**, los **Sanchís** y los **Martos** son muy conocidos en esta región.*   ....

*Los **Mendoza** poseen varios castillos en este zona.*   ....

*En mi familia hay varias **Luisa**.*   ....

64. Demuestra lo que sabes. Clasifica las siguientes palabras, según su comportamiento ante el plural.

salud, agua, cerilla, mocasín, ordenador, palanca, ardid, vez, ambages, montacargas, lunes, gafas, víveres, oeste, entendederas, arras, tez, superávit, Gómez, Guzmán.

añaden una -s	añaden -es	no tienen singular	no tienen plural	señalan el plural con determinantes

2.11. El pronombre

Observemos estas oraciones:

Luis conoció a Berta y a María en Sevilla. **Aquél** *(= Luis) fue muy amable con* **ellas** *(= Berta y María) y* **les** *(= Berta y María) enseñó el Barrio de Santa Cruz.*

Las palabras **aquél, ellas** y **les** son pronombres, sustituyen al grupo nominal y evitan repeticiones innecesarias.

> **Llamamos pronombres a un grupo de palabras muy diversas que tienen en común sustituir al nombre o al grupo nominal en la oración.**

El pronombre, al igual que el nombre, puede experimentar variaciones de género y número y realizar las mismas funciones en la oración. Pero se diferencian en la significación. Observemos las siguientes ilustraciones:

Aquél es Luis.	*Aquél es tu perro.*	*¿No es **aquél** tu coche?*
¿Lo ves?	*¿Lo ves?*	*¿Lo ves?*

Las palabras **aquél** y **lo** son pronombres y en cada situación significan cosas diferentes: *Luis, un perro, tu coche.* Por eso decimos que el pronombre tiene significado ocasional, dependiendo del referente contextual.

Hay varias clases de pronombres:

- ° personales
- demostrativos
- posesivos
- numerales

- indefinidos
- relativos
- interrogativos
- exclamativos

Algunos sólo funcionan como pronombres: los personales y los relativos. Los demás pueden ser también determinantes y, por ello, los estudiaremos más adelante.

65. Con los pronombres simplificamos la expresión y evitamos repeticiones innecesarias. Así, si no existieran los pronombres, la oración...

Antonio, ¿leíste la novela que te presté?
se diría:

*Antonio, ¿leíste la novela, la novela a Antonio presté?
Intenta sustituir los pronombres, señalados en negrita, del siguiente chiste.

> *Un soldado de caballería* **que** *se* **las** *da de listo, charla con* **otro** *que parece tonto.*
> **Éste le** *pregunta al* **primero:**
> *—¿A que tú no sabes de qué pie arranca un caballo cuando se encuentra atado a un muro?*
> *—Hombre —le contesta—, eso depende de la forma en* **que** *esté amarrado.*
> *—¡Quita, tonto!, el caballo arrancará siempre del pie del muro.*

66. Los pronombres no siempre disponen de formas diferentes para expresar el género y el número, pero éstos son los del referente. Así, en el texto anterior el pronombre relativo *que* está en género masculino y número singular porque su referente es *un soldado.*

Averigua cuál es el género y número de los restantes pronombres empleados en el chiste anterior.

....

....

....

67. Comprueba lo que sabes. Completa las siguientes frases.

El pronombre, al igual que el nombre, puede sufrir variaciones de ....
y de .... *y realizar* .... *en la oración.*

La diferencia estriba en la significación. El nombre tiene ....
y el pronombre ....

● Escribe oraciones en las que un mismo pronombre se refiera a objetos diferentes.

....

....

....

....

2.12. Los pronombres personales

Se refieren a las personas de la conversación: la que habla (1.ª persona), la que escucha (2.ª persona) y la persona, animal o cosa de quien se habla (3.ª persona). Como vemos, sólo son estrictamente personales la 1.ª y la 2.ª; la 3.ª puede referirse también a otros seres (animales, cosas y conceptos).

Las formas son muy variadas, pues distinguen:

- el género y el número, igual que el nombre;
- la persona (1.ª, 2.ª o 3.ª);
- la función (sujeto, complemento directo...);
- algunas formas pueden ser tónicas o átonas, según se construyan o no con preposición, aunque realicen la misma función en la oración:

A mí (CI)[1]   *me* (CI)   *lo regaló mi padre.*

Veámoslas en el cuadro siguiente.

	sujeto	complemento preposicional	complemento directo	complemento indirecto
1.ª persona	yo	mí, conmigo	me	
	nosotros, nosotras		nos	
2.ª persona	tú, usted	ti, conmigo, usted	te	
	vosotros, vosotras, ustedes		os	
3.ª persona	él, ella, ello		lo, la (le)	le, se
	ellos, ellas		los, las (les)	les, se
	formas acentuadas		formas inacentuadas	

Observaciones:

- Las formas **yo** y **tú** sólo funcionan como sujeto de la oración. Las restantes pueden realizar otras funciones que estudiaremos más adelante.
- **Usted** y **ustedes** son formas de respeto dirigidas a la 2.ª persona, y se emplean con el verbo en 3.ª persona: *¿Usted no ha terminado?* / *¿Ustedes van o vienen?*
- Las formas átonas o inacentuadas pueden colocarse antes o detrás del verbo, unido a él:

—*¿Me lo das?*   —*Tómalo.*

---

[1] CI = complemento indirecto

68. Completa las oraciones con los pronombres personales que correspondan. Si hay más de uno, elige el que quieras.

— 1.ª persona.

Nosotros iremos solos al cine.
No me ha entregado a mí
¿Me puedes alcanzar ese trapo?

A mí me dieron las notas hoy.
Me iré solo.
Vente conmigo a pasear.

— 2.ª persona.

Siempre os enfadáis por tonterías.
Os lo he repetido mil veces.
Lo has roto tú, no lo niegues.

.... estamos muy agradecidos.
Han traído este paquete para ....
¿Quiere ir .... a la reunión?

— 3.ª persona.

A ella ya la hemos avisado.
Les ha dado a los pobres cuanto tenía.
Pregunta le a él si lo ha visto.

¿No lo has encontrado al salir?
A él no lo pude encontrar.
¿.......... .... diste a tiempo?

69. Transforma el siguiente diálogo de manera que reproduzca la conversación con una persona mayor, a la que se debe tratar con respeto.

—Hola. ¿Qué tal te ha ido? ....
—Muy mal. ¿No lo ves? ....
—¿Qué te ha pasado? ....
—He estado en cama tres semanas ....

70. Escribe dos oraciones en las que emplees el pronombre neutro *lo*.

....
....

71. Comprueba lo que sabes. Lee atentamente el siguiente texto.

—Sí, señor. Juan, el de Balbina, y Manolo el Pico.
—Que vengan a hablar conmigo.
Se detuvo frente a Mauricio y le miró severamente.
—Ahora bien: esto no lo sabemos más que nosotros, ¿entiendes? Tú y yo. La historia la oíste contar. El dinero te vino caído del cielo. Inventa lo que quieras. A la primera sospecha de que te has ido de la lengua, te hundo.

GONZALO TORRENTE BALLESTER: *Los gozos y las sombras.* Ed. Planeta.

Ahora contesta:

• Subraya los pronombres personales empleados.
• Escribe los que realizan la función de sujeto y señala su género y número. Recuerda que es el de su referente.

....

2.13. El neutro *ello*

Aunque no existen en español nombres del género neutro, hay un pronombre neutro: **ello**. Esto se explica porque **ello** no sustituye a un nombre, sino que se refiere a frases u oraciones ya expresadas.

> *Estuve toda la tarde estudiando y, por **ello,** no pude salir.*

Ello sustituye a la frase: *estuve toda la tarde estudiando.* Como las oraciones no tienen género, se han de reproducir por un pronombre neutro.

2.14. Pronombres relativos

Observemos las siguientes oraciones:

> *¿Has leído el libro? El libro está encima de la mesa.*
> *¿Has leído el libro **que** está encima de la mesa?*

La palabra **que** es un pronombre relativo que sustituye al sustantivo *libro* y, al mismo tiempo, permite unir las dos oraciones.

El pronombre relativo se refiere siempre a un nombre que se ha expresado anteriormente y que llamamos antecedente.

Formas:

> que, quien, -es, el/la cual, los/las cuales, cuyo, -a, -os, -as.

El antecedente de **que** y **cual** puede ser cualquier nombre (persona, animal, cosa); pero el antecedente de **quien** siempre es un nombre de persona. Es incorrecto, por tanto, decir:

> **Ha llegado el tren en **quien** venía mi hermano.*

Cuyo (-a, -os, -as) es un pronombre relativo y posesivo a la vez:

*Ése es Luis, **cuyos** padres han sufrido un accidente.*

> *cuyos* → *los padres **del cual*** (relativo)
> → *sus padres* (posesivo)

Cómo identificar el *que* relativo

Observemos estas oraciones:

> *Te he comprado el reloj **que** tanto te gustaba.*
> *Sólo ha dicho **que** no llegará a tiempo.*

En la primera oración podemos sustituir **que** por **el cual:**

> *Te he comprado el reloj **el cual** tanto te gustaba.*

mientras que en la segunda esto es imposible:

> **Sólo ha dicho **el cual** no llegará a tiempo.*

72. Escribe tres oraciones en las que emplees el pronombre *ello*. A continuación subraya la frase u oración que reproduce.

Ej.:
<u>Te lo avisé con tiempo</u>, por ello no tienes excusa.

....

....

....

73. Escribe oraciones con cada uno de los siguientes pronombres relativos. A continuación subraya el antecedente.

Ej.:
la cual   He comprado <u>la casa</u>, a la cual iré a vivir enseguida.

que   ....

quien   ....

quienes   ....

el cual   ....

los cuales   ....

cuyas   ....

74. Distingue si *que* es o no relativo. Subraya el relativo y escribe cuál es su antecedente.

Ya te he repetido un millón de veces que el coche que   ....
vimos ayer no era el que tanto me gustaba.   ....
En aquellos años yo no me podía imaginar que llegarías   ....
a ser el mejor atleta que tendríamos y que irías a   ....
las olimpíadas.   ....
¿El reloj que lleva Andrés no es el que querías que te   ....
comprara para tu cumpleaños?   ....

75. Comprueba lo que sabes. Lee atentamente el texto siguiente. A continuación subraya los pronombres personales y relativos y señalas su género y número.

    —Es un verdadero artista; para mí es un placer escucharle. Ya   ....
me lo decía mi difunto Ramón, que en paz descanse; fíjate, Matilde, ...
sólo en la manera que tiene de echarse el violín a la cara. Hay que   ....
ver lo que es la vida: si ese chico tuviera padrinos llegaría muy lejos.   ....
    —Sí, verdaderamente: yo estoy todo el día pensando en esta hora.   ....
Yo también creo que es un verdadero artista. Cuando toca, como él   ....
sabe hacerlo, el vals de la viuda alegre, me siento otra mujer.   ....

CAMILO JOSÉ CELA: *La colmena*. Ed. Cátedra.

Ejercicios de autoevaluación

76. Señala con un redondel la respuesta correcta.

1. En la oración *Las listillas me fastidian*, la palabra **listillas** es:

    a) un sustantivo   *b)* un adjetivo   *c)* un adjetivo sustantivado

2. En la oración *La palidez de la cara es síntoma de una enfermedad*, la palabra **palidez** es:

    a) un sustantivo   *b)* un adjetivo   *c)* un adjetivo sustantivado

3. En la oración *¡Cuántos han perecido en las arenas del desierto!*, el plural de la palabra **arenas** es:

    a) incorrecto porque se trata de un nombre incontable
    b) correcto porque es un plural normal
    c) correcto porque es un plural enfático, intensificador.

4. *Me ha ayudado en muchas ocasiones y, por ello, debo estarle agradecido*. El pronombre neutro **ello:**

    a) está usado incorrectamente porque no hay nombres neutros
    b) se refiere al GN *muchas ocasiones*
    c) sustituye a la frase *Me ha ayudado en muchas ocasiones*.

77. Completa las siguientes frases.

El pronombre personal **ello** *es del género* .... *porque no* ....
.... *a un nombre, sino a* ....
El pronombre .... **cuyo** *es, además de pronombre,* ....
.... *porque* ....
Los .... *átonos frecuentemente* .... *al verbo por* ....

78. En las frases siguientes hay incorrecciones. Subráyalas y escríbelas correctamente.

Ej.:

En este año se han celebrado dos referéndumes	referéndum
Tengo ya tres álbums llenos de fotos.	....
¿Tu Teresa se ha colocado?	....
En esta aula hay dos mapasmundis.	....
Llegaste a ver la cometa Halley.	....
Esta yegua se llama ligera.	....
Mi nuero ha sufrido un grave accidente de moto.	....
En este pueblo no hay alcalde, sino una alcalde.	....
Dime a él lo que tengas que decirle.	....

79. **Sigue la pista.**

Lee atentamente el siguiente romance y contesta a continuación.

EL PASTOR DESESPERADO

*Por aquel **lirón** arriba*
lindo pastor va penando;
del agua de los sus ojos
el gabán lleva mojados.
    Buscaréis ovejas mías,
pastor más aventurado,
que os lleve a la fuente fría
*y os **caree** con su cayado.*
¡Adiós, adiós, compañeros,
las alegrías de antaño!,
*si me muero **deste** mal,*
no me enterréis en sagrado;
no quiero paz de la muerte,
pues nunca fui bien amado;
***enterréisme** en prado verde,*
donde paste mi ganado,
con una piedra que diga:
    «Aquí murió un desdichado:
murió del mal del amor,
que es un mal desesperado»...

lirón: una clase de árbol.

caree: dirigir a pacer.

deste: de este.

enterréisme: enterradme.

RAMÓN MENÉNDEZ PIDAL: *Flor nueva de romances viejos.* Ed. Espasa-Calpe.

a) Señala un nombre que en otro contexto puede ser adverbio.

....

b) Explica razonadamente el valor del plural de *alegrías.*

....

....

c) Subraya todos los pronombres personales y los escribes a continuación (incluso los repetidos).

....

....

....

Uno de los pronombres va unido al verbo, ¿cuál? ....

d) Localiza tres pronombres relativos y señala cuál es su antecedente.

....

....

3. Los determinantes

3.1. Qué son los determinantes

Recordemos que el nombre puede ir en la oración acompañado de palabras que determinan y complementan su significado formando el grupo nominal.

$$Jorge\ ha\ comprado \begin{cases} camisas \\ \textbf{una } camisa \\ \textbf{una } camisa\ \textbf{azul} \\ \textbf{una } camisa\ \textbf{de rayas} \\ \textbf{mi (tu, su, aquella, algunas...)}\ camisa \end{cases}$$

Las palabras *una, mi, tu, su, aquella* y *algunas* son determinantes.

> Los *determinantes* normalmente acompañan al nombre en el grupo nominal, limitan y precisan su significado e indican su género y número.

Por las precisiones que pueden aportar al nombre, distinguimos varias clases:

artículos y **adjetivos**   **(demostrativos, posesivos,**
            determinativos   **numerales, indefinidos,**
                               interrogativos y **exclamativos)**

A veces, un nombre lleva más de un determinante:

> *La moto **mía** es de competición.*
> *Todas **las demás** motos no me gustan.*

Determinantes y pronombres

Como indicamos anteriormente (ver 2.11), los determinantes llamados **adjetivos determinativos** pueden realizar también la función de pronombre, es decir, sustituir a un GN. Por ello, al estudiarlos en este apartado distinguiremos uno y otro valor.

3.2. El artículo

El artículo puede ser **determinado** o **indeterminado.** Observemos las siguientes oraciones:

*Te esperan en la puerta **un** chico y **una** chica. **El** chico parece algo tímido; sin embargo, **la** chica es muy simpática.*

> El *artículo indeterminado* precede a un ser o cosa que no se ha nombrado o aludido antes.
> El *artículo determinado* precede a un nombre ya aludido o conocido.

80. Explica razonadamente si son o no gramaticales, es decir, correctas las siguientes oraciones.

Mi Ana es azafata.   *En este pueblo hay dos Eustaquios.*

....

....

81. Escribe oraciones en las que emplees grupos nominales con las siguientes palabras y estructuras.

Det   + N   + Adj

aquel chandal verde   ....

         quiosco   ....

         monte   ....

         cenicero   ....

82. Forma grupos nominales con los nombres *bisonte, andaluz, vallas, televisor* y la siguiente estructura.

Art + N + Prep + N   Ej.:
                          El césped de Luis *está casi seco.*

                          ....

                          ....

                          ....

                          ....

83. Muchos determinantes pueden funcionar también como pronombres. Completa el cuadro siguiente de manera que aparezcan todas las clases de pronombres y determinantes debidamente emparejados.

pronombres	determinantes

84. Demuestra lo que sabes. Señala si las siguientes afirmaciones son verdaderas (V) o falsas (F).

a) Un determinante es una clase variable de palabras que siempre acompaña al nombre. ☐

b) Los determinantes adjetivos determinativos también pueden ser pronombres. ☐

c) Los artículos determinados preceden siempre al nombre en el GN y los indeterminados sólo a veces. ☐

d) Un nombre puede llevar hasta cinco o seis determinantes. ☐

Formas:

	determinado			indeterminado		formas contractas
	masc.	fem.	neutro	masc.	fem.	masc.
sing.	el	la	lo	un	una	al, del
pl.	los	las		unos	unas	

Observaciones sobre el uso del artículo

- El artículo es un sustantivador, transforma en nombre cualquier clase de palabra e, incluso, un grupo de palabras: *El rojo no me gusta. | El comer es agradable. | Lo que escuchamos ayer me ha quitado el sueño.*

- No existen en español nombres neutros; por ello, el artículo neutro **lo** se emplea con grupos nominales especiales: *lo sensato, lo que te dije ayer.*

- No está permitida la contracción de la preposición y el artículo **(a + el, de + el)** cuando el artículo forma parte del nombre propio: *Ayer llegamos de El Escorial; mañana iremos a El Bierzo.*

El artículo con nombres propios

En general, los nombres propios no llevan artículo: *Luisa, José, Castellón, Holanda, Australia;* sin embargo, algunos nombres de accidentes geográficos, regiones, países y ciudades pueden llevarlo: *el Júcar, los Alpes, la Argentina, Las Palmas.*

Se considera vulgarismo el uso del artículo con nombres de persona: **la Isabel, *el Andrés,* etc., salvo cuando se acompaña al apellido de un personaje célebre: *Los Rodríguez, La Pardo Bazán.*

Concordancia con el nombre

Los determinantes, al igual que el adjetivo, concuerdan con el nombre en género y número. Sin embargo, se emplean los artículos **el** y **un** con nombres femeninos que empiezan por **a-** o **ha-** tónicas[1]: *el arpa, un hacha.*

Se mantiene la concordancia en plural y si se intercala un adjetivo: *las arpas, unas hachas, la bella arpa, una gran hacha.*

---

[1] Son sílabas y palabras tónicas las que llevan acento y átonas las que no lo llevan. Recordemos que el acento es la mayor fuerza de voz con que pronunciamos una sílaba de la palabra. En algunas palabras se señala el acento con una rayita o tilde.

85. Forma GN añadiendo artículos y adjetivos a los siguientes nombres.

Ej.:

bebé   *Se ha dormido **el bebé glotón.***

muñeca ....

relicario ....

avestruces ....

86. Usa correctamente la contracción del artículo en las siguientes frases.

Este fragmento es .... Quijote.

¿Eres americano? Sí, ... Salvador.

Sólo iremos .... Alhambra de Granada.

El agua .... Guadiana baja estos días turbia.

87. Explica razonadamente si son correctas las siguientes oraciones.

*Vas **al** Ferrol o regresas **de él.***
*Ya te he dicho que **de él** no me fío.*

....

....

      ¿Qué otros artículos coinciden con los pronombre personales? ....

....

88. Escribe los artículos que faltan en las siguientes oraciones.

.... aguja grande del despertador está rota.

Tengo .... angustia terrible.

Este toro tiene .... asta muy fina.

Este toro tiene .... astas muy torcidas.

Anda por .... acera, que te puede atropellar un coche.

.... álgebra me resulta muy fácil.

En este monte hay .... vieja aldea abandonada.

89. Demuestra lo que sabes. Lee atentamente el texto siguiente y contesta.

     En el barrio vivía un anciano solitario que había llegado recientemente de la aldea. Todos los días, al amanecer cogía su carrito y recogía papeles que vendía y con ello sacaba unas pesetillas para comer. Le gustaba después sentarse en el parque y mirar el azul del cielo. Sufría pacientemente la soledad, pero la odiaba amargamente. Lo trágico de aquella situación era que no vislumbraba un fin y él lo entendía ...

● Subraya los artículos.
● Explica el valor del grupo nominal *lo trágico*.

....

....

3.3. Determinantes y pronombres demostrativos

Los adjetivos demostrativos precisan la significación del nombre, indicando la situación en que se encuentra el objeto con relación al hablante. Esta situación puede ser:

- **Espacial:**

  *Observa **este** mapa.*   (cerca del que habla)
  *Mira **aquella** veleta.*   (lejos del que habla)
  *Papá, me ha insultado **ese** chico.*   (distancia media)

- **Temporal:**

  ***Este** mes he ahorrado dinero.*   (cercano en el tiempo)
  ***Aquellos** años infantiles fueron muy hermosos.*   (lejano en el tiempo)
  ***Esa** semana la dedicaré a descansar.*   (cercano, pero no inmediato)

- Puede hacer referencia también a algo que acabamos de nombrar o leer:

  *Madre e hija se llevaban muy mal, pues **aquella** señora era demasiado absorbente.*

Formas:

		cerca del hablante	ni cerca ni lejos	lejos del hablante
sing.	masc.	**este**	**ese**	**aquel**
	fem.	**esta**	**esa**	**aquella**
plur.	masc.	**estos**	**esos**	**aquellos**
	fem.	**estas**	**esas**	**aquellas**

Concordancia. Los demostrativos nunca rompen la concordancia con el nombre. Son incorrectas las expresiones: **De **este** agua no beberé.* | ***Aquel** alma de Dios*, y deberá decirse: *De **esta** agua no beberé.* | ***Aquella** alma de Dios.*

Los pronombres demostrativos

Funcionan como pronombres y, por tanto, como núcleos cuando no acompañan al nombre:

> *Esta moto es muy cara, pero **aquélla** mucho más.*
> *A **ésa** (= a esa chica) no la invito más.*

Las formas son las mismas que las de los determinantes y, además, poseen formas neutras: **esto, eso, aquello.** Éstas se refieren a objetos cuya naturaleza y, por tanto, cuyo género se desconoce o no se precisa y, a veces, a una oración entera:

> *Coge **esto** y tira **eso.***
> *No me invitó a comer y **aquello** (= no me invitó a comer) no me gustó.*

90. Escribe oraciones en las que se limite la significación de los nombres siguientes mediante determinantes demostrativos.

Ej.:

caballero   *Este caballero es muy elegante.*

dama   ....

golondrina   ....

cocina   ....

tranquilidad   ....

91. Identifica los demostrativos en las siguientes frases y señala los determinantes con una raya y los pronombres con dos. A continuación explica si expresan una relación espacial, temporal o hacen alusión a algo expresado anteriormente.

Ej.:

Mira ése, cómo presume con esas zapatillas.   relación espacial

Este bolígrafo no escribe y ése emborrona todo.   ....

En aquella época no había juguetes.   ....

No me acuerdo de esa chica que dices.   ....

Eso ya te lo he dicho yo antes.   ....

Fíjate en aquella rubia.   ....

Tengo la esperanza de que este año será mejor.   ....

Padre e hijo son muy buenos amigos, a pesar de que aquel

  señor es muy autoritario y éste muy caprichoso.   ....

92. Completa las siguientes oraciones con los demostrativos del recuadro.

Agarra por .... asa.

.... angustia no me deja vivir.

A su edad, ... ansia de vivir era admirable.

.... aceite no es de oliva.

.... ancla está rota.

En .... área nunca ha habido lobos.

.... ala del edificio está deshabitada.

ese-esa
este-esta
aquel-aquella
este-esta
ese-esa
este-esta
aquel-aquella

93. Demuestra lo que sabes. Escribe las reglas que has seguido para realizar...

a) el ejercicio **91**: ....

....

b) el ejercicio **92**: ....

....

3.4. Determinantes y pronombres posesivos

Los **determinantes posesivos** precisan la significación del nombre indicando la posesión o pertenencia del objeto que designa ese nombre.

Sus **formas** son muy variadas, pues distinguen:

— la **persona gramatical:** 1.ª, 2.ª y 3.ª;
— si el poseedor es uno o varios;
— el **número** *(singular, plural)*;
— el **género** *(masculino, femenino y neutro)*;

y, además, cuando van delante del nombre se **apocopan.**

			antepuesto	pospuesto	antepuesto	pospuesto	antepuesto	pospuesto
relación con una sola persona	sg	m	mi	mío	tu	tuyo	su	suyo
		f		mía		tuya		suya
	pl	m	mis	míos	tus	tuyos	su	suyos
		f		mías		tuyas		suyas
relación con varias personas	sg	m	nuestro		vuestro		su	suyo
		f	nuestra		vuestra			suya
	pl	m	nuestros		vuestros		sus	suyos
		f	nuestras		vuestras			suyas
			1.ª persona		2.ª persona		3.ª persona	

Observaciones sobre **su uso:**

● En el cuadro anterior podemos ver que algunos posesivos presentan dos formas: *mí-mío, tu-tuyo, su-suyo*, etc. Las formas apocopadas son monosílabas[1] y átonas o inacentuadas: *mi pupitre, su camisa...* Las formas plenas *(mío, tuyo, suyo...)* son bisílabas y tónicas o acentuadas: *Dios **mío,** ése es el libro **tuyo.***

Los pronombres posesivos

Observemos estas oraciones:

    *Esa cazadora es **mía.***   *Es cierto, **la mía** la dejé en casa.*

En estas construcciones los posesivos equivalen a *mi cazadora* y no funcionan como determinantes, sino como pronombres porque sustituyen a un grupo nominal.

Siempre son pronombres las formas neutras: **lo mío, lo tuyo, lo suyo, lo nuestro, lo vuestro, lo suyo** *(de ellos/ellas)*.

Son neutros porque significan el conjunto de las cosas:

    Lo mío *(= **el conjunto de mis cosas**) está recogido ya.*

---

[1] Las palabras se clasifican según el número de sílabas en:
monosílabas, una; **bisílabas,** dos; **trisílabas,** tres, y **polisílabas,** más de tres.

94. Observa en el cuadro de los posesivos cómo las formas apocopadas de 3.ª persona *su* y *sus* son ambiguas: *su* casa puede referirse a *de él, de ella, de ellos* y *de ellas*. Escribe oraciones en las que emplees las formas *su, sus* con cada uno de los siguientes valores.

Ej.:

Éste es Luis, a su (= de él) hermana la conociste ayer.

su = de ellos ....

sus = de él ....

95. Compara el cuadro de los pronombres personales y el de los posesivos y verás que hay formas que coinciden.

¿Cuáles son? ....

¿En qué se diferencian? ....

96. Escribe una oración con cada uno de los siguientes posesivos.

lo mío ....

lo tuyo ....

lo suyo ....

97. Señala los posesivos empleados en las siguientes oraciones. A continuación señala los determinantes con una raya y los pronombres con dos.

Ej.:

Con tu dinero y el mío podremos comprar el balón.

Lo mío para mí y lo tuyo para ti. Así no habrá problemas.

Nuestra casa tiene dos plantas y la vuestra sólo una.

Papá, ¿tu coche es nuestro o sólo tuyo? —De momento sólo mío.

—¿Dónde has puesto mis tijeras? —¿Tus tijeras? ¡Dirás las mías!

A mí, mi padre me va a comprar una moto. ¿Y a ti?

98. Comprueba lo que sabes. Lee atentamente el texto siguiente.

Entonces, de su pecho palpitante, arranqué con gran esfuerzo la flecha. El niño clavó en mí sus ojos trémulos. Y murió dulcemente, entre su sangre,

Al verle morir caí en tierra sin fuerzas, llorando mi destino. Después cogí su cántaro y me encaminé hacia la ermita de sus padres. Allí los encontré a los dos, ciegos, ancianos y sin apoyo, como dos pájaros con las alas rotas. Hablaban de su hijo, temerosos por su tardanza. Al oír el ruido de mis pasos, el Muni me habló así:

—¿Qué has hecho tanto tiempo, hijo mío? Teníamos miedo por ti, tan pequeño y solo en la noche. Tú eres nuestro refugio; tus ojos son los nuestros; no nos hagas sufrir más con tu tardanza.

ALEJANDRO CASONA: *Flor de leyendas.* Ed. Espasa-Calpe.

● Subraya los pronombres posesivos con dos rayas.
● Escribe los grupos nominales que lleven posesivos y señala el género y número de éstos.

....

....

....

3.5. Determinantes y pronombres numerales

Los **determinantes numerales** limitan la significación del nombre, haciendo una precisión numérica de los objetos señalados por dicho nombre.

*Tengo **veinte** años y estudio **tercer** curso de bachillerato.*

Hay varias clases de numerales:

- **Cardinales.** Indican con exactitud el número de objetos:

*—¿Puedes prestarme **cien** pesetas? —No, sólo tengo **cinco** duros.*

Formas:

Son **numerales** los nombres de todos los **números naturales:**

uno, cincuenta y seis, mil trece, cien mil...; y **ambos y ambas,** que significan *los dos* y *las dos.*

Se escribe juntos del *uno,* al *treinta;* a partir del *treinta y uno,* separados: *doce, veintisiete, cuarenta y ocho,* etc.

- **Ordinales.** Determinan el lugar que ocupa el objeto designado por el nombre dentro de una serie ordenada:

*Estoy en **séptimo** curso y mi clase está en el **segundo** piso.*

Algunas de sus **formas** son éstas:

1.º primero o primer	10.º décimo	100.º centésimo
2.º segundo	20.º vigésimo	200.º ducentésimo
3.º tercero o tercer	30.º trigésimo	300.º tricentésimo
8.º octavo	80.º octogésimo	800.º octigentésimo
9.º noveno o nono	90.º nonagésimo	900.º noningentésimo

Debido a la dificultad de formulación de los ordinales, se permite su sustitución por los cardinales a partir del 13.º:

*He asistido al **vigésimo primer** (o **veintiún**) congreso de oftalmología.*

Igualmente son frecuentes en el habla coloquial cualquiera de ellos:

*Juan XXIII **(veintitrés).** | Alfonso X **(diez)** el Sabio. | Comienzo a trabajar el primero (o **uno)** de abril.*

- **Fraccionarios.** Expresan una fracción, es decir, una de las partes en que se divide un todo: *No os corresponde **media** tarta, sino una **cuarta** parte.*

Formas. Salvo **medio,** que se combina con cualquier nombre: *medio kilo (litro, pan, melocotón, millar...),* los demás siempre van unidos al sustantivo **parte:** *tercera, cuarta, onceava, doceava **parte.***

Muchas personas emplean equivocadamente el fraccionario por el ordinal y así dicen: **Ocupan el doceavo puesto.* (por **duodécimo)**

99. Escribe con palabras los siguientes números.

12.345   ....

23.004.657   ....

100. Transforma en cardinales los siguientes ordinales.

Ej.:

sexagésimo octavo	sesenta y ocho
quingentésimo duodécimo	....
septingentésimo cuadragésimo séptimo	....
milésimo centésimo undécimo	....

101. Expresa con ordinales estos números.

123   ....

704   ....

12   ....

102. Teniendo en cuenta que *ambos* y *ambas* significan *los dos* y *las dos,* **es decir,** *uno y otro,* explica si están o no bien empleadas en las siguientes oraciones.

Tengo dos bicicletas y la más vieja de ambas está estropeada.   ....

Huelva y Granada son ciudades muy diferentes a pesar de que ambas son andaluzas.   ....

Han seleccionado a Inés y a Marta. A ambas les han entregado ya el equipo.   ....

103. El cardinal *un (-a)* puede ser artículo indeterminado y cardinal. Es numeral cuando se opone a cualquier otro número: *Mas vale* **un** *toma que* **dos** *te daré.*

● Distingue si es artículo o numeral en las siguientes oraciones:

De ti no quiero ni una ni ciento.   ....

Hay una señora en la puerta que pregunta por ti.   ....

Sólo me queda un billete de mil pesetas.   ....

Te sigue un perro.   ....

Póngame una jarra de cerveza, por favor.   ....

104. Demuestra lo que sabes. En las siguientes oraciones hay determinantes y pronombres numerales (cardinales y ordinales). Señala los determinantes con una raya y los pronombres con dos.

Ej.:

No he dicho en el piso tercero, *sino en el* octavo.

Este collar vale mil doscientas pesetas, pero ése sólo setecientas.

Agarra con ambas manos, no con una sola.

Los últimos de la lista serán los primeros en entrar.

Aquí no hay ocho libros, hay sólo tres.

Es en el primero, a mano izquierda.

- **Multiplicativos.** Expresan un producto. Sus **formas** terminan en los sufijos **-ble** y **-ple**: *doble, triple, cuádruple, quíntuple, múltiple...*

Los pronombres numerales

Funcionan como nombres y, por tanto, como núcleos cuando no acompañan a un nombre:

*Sube al **octavo** (= octavo piso) y dile a Luis que le esperamos abajo los **tres** (= tres chicos).*

3.6. Determinantes y pronombres indefinidos

Los **determinantes indefinidos** precisan la significación del nombre, aludiendo a la cantidad de objetos que designa, pero sin precisarla.

*He comprado **algunos** libros.*
*Corren **demasiados** rumores.*

Las **formas** principales son las siguientes:

mismo (-a, -os, -as)	diverso (-a, -os, -as)	igual (-es)
algún (-a, -os, -as)	varios (-as)	tanto (-a, -os, -as)
ningún (-a, -os, -as)	cierto (-a, -os, -as)	cualquiera, cualesquiera
mucho (-a, -os, -as)	otro (-a, -os, -as)	cada
poco (-a, -os, -as)	todo (-a, -os, -as)	más, menos...

Las palabras **más** y **menos** son adverbios, pero funcionan como determinantes cuando preceden a un nombre:

*No me cuentes **más** mentiras.*
*Este mes hemos consumido **menos** leche.*

Pronombres indefinidos. Pueden funcionar como pronombres cuando no acompañan al nombre:

*Que pase **otro**.   ¿Qué silla prefieres? —**Cualquiera**.*

Son siempre pronombres las palabras **alguien, nadie, algo** y **nada**:

*—¿Hay **alguien** por ahí?   —No, **nadie**.*
*—¿Quieres **algo** de comer?   —No, **nada**.*

Algunos determinantes se transforman en pronombres neutros precedidos por el artículo neutro **lo**: *Lo **poco** que come le sienta mal.*

105. Clasifica los siguientes numerales en este cuadro.

cardinales	ordinales	fraccionarios	múltiplos

decimonono, tercera (parte), séxtuple, mil ocho, medio, onceavo, nono, quinceavo, ambos, trigésimo segundo, veinteavo, triple, octava (parte), octavo, dieciseisavo.

106. En las siguientes oraciones hay determinantes y pronombres indefinidos. Señala los determinantes con una raya y los pronombres con dos.

En cada clase hay algunos pupitres vacíos.
Yo no sé nada de ningún robo. Si supiera algo, se lo diría.
Lo poco que te cuesta ser amable en ciertas ocasiones.
¿Quieres todo? —No, sólo un poco para probar.
Debéis comer menos carne y más fruta.

107. *El* y *un* se emplean obligatoriamente con nombres femeninos que empiezan por *a-* o *ha-* acentuadas, y los indefinidos *algún* y *ningún* de manera optativa, a voluntad del hablante. Tacha los usos incorrectos.

¿Has visto una ave por aquí?
Parece que alguna alma caritativa se acuerda de mí.
Esta cazuela no tiene ninguna asa rota.
Este toro no tiene ningún asta rota.

108. Demuestra lo que sabes. Lee atentamente el texto siguiente.

Después de unos días de marcha llegó el primero a Madrid, y halló a la coronada villa mezclando las amargas aguas de sus lágrimas con las puras y dulces de su querido Manzanares. Todo el mundo lloraba, hasta la Mariblanca de la Puerta del Sol. Nuestro bello mancebo preguntó cuál era la causa de aquella desolación, y supo que todos los años un fiero dragón, hijo de una infernal vieja, se llevaba una bella joven, y aquel año infausto había tocado la suerte a la Princesa, buena y bella, hija del rey.

Preguntó en seguida el Caballero que dónde se hallaba la Princesa, y le contestaron que a un cuarto de legua de distancia esperaba la fiera, que aparecía al caer las doce, para llevarse su presa.

FERNÁN CABALLERO: Cuentos de encantamiento.

- Escribe los numerales del texto y subraya los que sean pronombres: ....
....
- Haz lo mismo con los indefinidos: ....
....

3.7. Determinantes y pronombres interrogativos

Los **determinantes interrogativos** preguntan para precisar algún dato sobre el nombre al que acompañan:

> *¿**Qué** libro traes ahí?*   *¿**Cuánto** dinero te ha costado?*

Los **pronombres interrogativos** se refieren a nombres no conocidos por los cuales se pregunta:

> *¿**Quiénes** te han ayudado?*   *¿**Qué** prefieres?*

Formas:

pronombres	determinantes
qué cuál, -es quién, -es cuánto, -a, -os, -as	qué cuánto, -a, -os, -as

Podemos emplearlos en dos tipos de oraciones:

● en oraciones **interrogativas directas:**

> *¿**Quién** me ha llamado?*   *¿**Qué** quería?*

● en oraciones **interrogativas indirectas:**

> *Pregunta **quién** le ha llamado.*
> *Sólo quiere saber **qué** deseaba.*

3.8. Determinantes y pronombres exclamativos

Aparecen en oraciones con sentido exclamativo y presentan las mismas formas que los interrogativos. Son determinantes sólo cuando acompañan al nombre:

> *¡**Qué** fiesta más agradable!*

En otro caso, pronombre:

> *¡**Quién** fuera joven ahora!*

Observemos que los determinantes y pronombres interrogativos y exclamativos llevan siempre tilde ortográfica.

> *Con **qué** alegría nos recibe siempre.*
> *No te puedes imaginar **cuánta** gente había en la fiesta.*

109. Escribe oraciones en las que figuren los siguientes determinantes interrogativos.

qué ....

cuántas ....

110. Escribe ahora oraciones en las que figuren los siguientes pronombres exclamativos.

cuál ....

quiénes ....

cuánto ....

qué ....

111. En las siguientes oraciones hay determinantes y pronombres interrogativos y exclamativos. Señala los determinantes con una raya y los pronombres con dos.

Ej.:

Pregúntale cuál es su profesión.
¡Cuánta hambre hay en el mundo y cuánto se despilfarra!
Dime quién ha llamado y qué te ha dicho.
¡Qué barbaridad!
¿Cuáles escoges?
Diles quién fue y vámonos ya.
Fíjate en esa moto. ¡Cuántos golpes tiene!

112. Demuestra lo que sabes. La palabra *que* puede ser pronombre relativo, conjunción y pronombre y determinante interrogativo y exclamativo. Escribe F o V según sean verdaderas o falsas las siguientes oraciones.

a) El **que** conjunción nunca lleva tilde ortográfica.

b) El **que** relativo algunas veces puede sustituirse por **el cual, la cual, los cuales** y **las cuales.**

c) El **que** interrogativo y exclamativo lleva tilde sólo cuando es pronombre.

d) El **que** relativo siempre puede conmutarse por **el cual, la cual, los cuales** y **las cuales.**

Ejercicios de autoevaluación

113. Señala con un redondel la respuesta correcta.

1. *Hoy ha salido un sol.* El artículo **un** está empleado:

   a) correctamente, porque *sol* es de género masculino y singular.
   b) incorrectamente, porque es un ser conocido y, por tanto, debería usarse **el**.
   c) es correcto, porque es indiferente emplear **un** o **el**.

2. *Alcánzame eso y retira aquello.* Las palabras **eso** y **aquello** son:

   a) determinantes demostrativos masculinos singular
   b) pronombres indefinidos
   c) pronombres demostrativos masculinos singular
   d) pronombres demostrativos neutros.

3. *Éstas son cosas **mías**, tú ya también tienes las **tuyas**.* Las palabras en negrita son:

   a) determinantes posesivos femeninos y plural
   b) son ambas posesivos: **mías** determinante y **tuyas** pronombre
   c) pronombres posesivos.

4. —*Come **menos**, hijo.*   —*Yo quiero **más** salchichas.* Las palabras en negrita son:

   a) ambas determinantes numerales
   b) **menos** adverbio y **más** determinante indefinido
   c) ambas son indefinidos: **menos** pronombre y **más** determinante.

114. En algunas de las siguientes oraciones hay incorrecciones gramaticales. Subráyalas y escríbelas correctamente.

Ayúdame y agarra por ese asa. ....

El Monasterio del Escorial es renacentista. ....

Las anclas de ese barco están oxidadas. ....

El álgebra me gusta muchísimo. ....

Este agua no se puede beber. ....

Aquel aceite parece de girasol. ....

No puede ser un ave porque ninguna vuela a tanta velocidad. ....

Parece que te protege algún hada benefactora. ....

Aquel arpa parece de marfil. ....

Este toro tiene un buen asta izquierdo. ....

Esta vaca tiene un asta finísima. ....

Este novillo tiene unos astas finísimas. ....

Este choto no tiene ningún asta rota. ....

Este choto no tiene ninguna asta rota. ....

115. **Sigue la pista.**

a) Lee atentamente los versos siguientes de Gustavo Adolfo Bécquer.

> *Volverán las oscuras golondrinas*
> *en tu balcón sus nidos a colgar,*
> *y otra vez con el ala en sus cristales*
> *jugando llamarán.*
>
> *Pero aquéllas que el vuelo refrenaban*
> *tu hermosura y mi dicha a contemplar,*
> *aquéllas que aprendieron nuestros nombres...*
> *ésas... ¡no volverán!*

- En este texto hay 15 palabras determinantes o pronombres. Clasifícalos en el cuadro y subraya los pronombres:

artículos	demostrativos	posesivos	numerales	indef.	rel.	interr.	excla.

b) Observa ahora los **que** empleados en los versos siguientes de G. A. Bécquer.

> *¡Qué hermoso es cuando en copos*
> *la blanca nieve silenciosa cae,*
> *de las inquietas llamas*
> *ver las rojizas lenguas agitarse!*
>
> *¡Qué hermoso es cuando hay sueño*
> *dormir bien... y roncar como un sochantre...*
> *y comer... y engordar... ¡y qué desgracia*
> *que esto solo no baste!*

- Señala qué clase de palabras es cada uno de éstos.

  qué desgracia ....

  que esto... ....

- En la expresión *qué hermoso* no es determinante ni pronombre.
  ¿Qué significa realmente? ....

4. Los complementos del grupo nominal. El adjetivo

4.1. Los complementos del núcleo del GN

El significado del núcleo del grupo nominal puede completarse de formas muy diversas. Observemos la estructura de los siguientes GN:

———————GN———————
*El caballo **de carreras** está enfermo.*
*El caballo **Iván***

Las palabras **de carreras** e **Iván** son nombres y completan el significado del núcleo del GN *(caballo),* que es otro nombre.

> • El nombre que complementa a otro nombre a través de un enlace preposicional recibe el nombre de *complemento preposicional del nombre.*
> • El nombre que complementa a otro nombre sin enlace preposicional se llama *aposición.*

Fijémonos, igualmente, en los siguientes grupos nominales:

———————GN———————
*El caballo **percherón**   está enfermo.*
*El caballo **que compré ayer***

Las palabras señaladas en negrita completan el significado del núcleo del GN. **Percherón** es un adjetivo y **que compré ayer** una proposición adjetiva que equivale a un adjetivo (ver **11.5).**

4.2. Principales estructuras del GN

Una vez estudiados los distintos componentes del GN, podemos resumir las principales estructuras del mismo.

Determinantes	+	Núcleo		+		Complementos	
Artículos, demostrativos...		Nombre o pronombre			Complemento preposicional	Nombre en aposición	Adjetivo y proposición adjetiva (ver 11.5)
—Det—		—N—			——Comp——		
Mi		*primo.*					
Mi		*primo*			*de Cuenca.*	(preposicional del nombre)	
Mi		*primo*			*Luis.*	(aposición)	
Mi		*primo*			*pequeño.*	(adjetivo)	
Mi		*primo*			*que estudia música.*	(proposición adjetiva)	

116. **Formula oraciones con el nombre *cuñada* en las siguientes estructuras.**

Det + N + aposición   ....

Det + N + C. prep. del nombre   ....

117. **Transforma la oración *He atravesado el río a nado* de manera que el GN señalado en negrita ofrezca las siguientes estructuras.**

Det + N + Adj   ....

Det + N + proposición adjetiva   ....

Det + N + aposición   ....

Det + N + C. prep. del nombre   ....

118. **Las palabras o grupos de palabras en negrita de las siguientes oraciones realizan la función de complementos del nombre. Señala qué nombres reciben.**

*No voy a invitar a Luis, **tu hermano***.   ....

*El aire **de muchas ciudades** es irrespirable.*   ....

*Ha pasado una bandada **enorme** de palomas.*   ....

*El año **que viene** ingresaré en la Universidad.*   ....

*Yo, **el pirata fanfarrón**, te entrego este tesoro.*   ....

*He visto en el tren al alcalde **de Teruel**.*   ....

*Nosotros, **los Pérez**, somos gente de bien.*   ....

119. **Demuestra lo que sabes. Subraya los GN del siguiente texto y analiza su estructura.**

En la mañana del sábado, la Naturaleza se mostraba en todo su esplendor estival, resplandeciente de vida. En todos los corazones anidaba una canción, y si se era joven afloraba a los labios. El alborozo se reflejaba en los rostros, y la gente andaba con más soltura. Los algarrobos estaban en flor, y la fragancia de sus capullos perfumaba el aire.

MARK TWAIN: *Las aventuras de Tom Sawyer*. Ed. Juventud.

....
....
....
....
....
....
....

4.3. El adjetivo calificativo

Es una clase variable de palabras, cuya función principal es la de acompañar al nombre en el grupo nominal y completar su significado expresando una cualidad de ese nombre.

4.4. Funciones del adjetivo

La función primordial del adjetivo es la de complemento del núcleo del GN, bien antepuesto o pospuesto a él:

> *Alcánzame esa escoba **vieja**.*   *¿Reconoces esa **vieja** melodía?*

Pero también puede referirse a un nombre a través de un verbo realizando otras funciones que estudiaremos en el grupo verbal:

> *Luis es estudioso.*   (atributo)
> *Ana ha llegado muy **contenta**.*   (complemento predicativo)

4.5. Adjetivos especificativos y explicativos

El adjetivo expresa una cualidad del nombre, pero esa cualidad puede ser necesaria o no para la correcta comprensión de la oración. Observemos estas oraciones:

> *Préstame tu blusa **verde**.*   *Las cigüeñas anidan en las **altas** torres.*

Con el adjetivo **verde** distinguimos blusa verde de otras *(roja, amarilla, azul, lila,* etc). El adjetivo, en estos casos, distingue y selecciona un nombre de un grupo al que pertenece. Por lo tanto, son necesarios para la correcta comprensión de la oración. Se llaman especificativos y siempre van colocados detrás del nombre.

El adjetivo **altas,** por el contrario, expresa una cualidad que necesariamente tiene ese nombre (todas las torres son altas). Se limita a explicar una cualidad y su omisión no impide la correcta comprensión de la oración. Estos adjetivos se llaman explicativos o epítetos y pueden ir delante o detrás del nombre.

Unos y otros tienen muy diversas formas de significar. Observémoslo en las siguientes oraciones:

> *Los alumnos **estudiosos** aprobaron.*
> *Los **estudiosos** alumnos aprobaron.*

En el primer caso **(adjetivo especificativo)** quiere decir que aprobaron únicamente *los alumnos estudiosos;* en el segundo caso **(explicativo),** todos los alumnos aprobaron porque *todos eran estudiosos.*

120. **Elige un objeto de tu habitación y descríbelo. Indica su forma, color, tamaño, partes de que consta, material con que está fabricado, etc.**

....

....

....

....

A continuación subraya los adjetivos que has empleado.

121. **En las siguientes oraciones hay adjetivos especificativos y explicativos o epítetos. Subraya los especificativos con una raya y los explicativos con dos.**

Los veloces caballos llegaron cansadísimos a la meta.
Siempre he preferido los armarios amplios y cómodos.
De un momento a otro saldrán los ágiles trapecistas.
El barco naufragó en las frías aguas del océano Antártico.
En este pasillo tan estrecho hay que colocar una lámpara roja.

122. **Explica la diferencia de significado de los adjetivos en las siguientes oraciones:**

Han arrancado los árboles viejos del parque.
Han arrancado los viejos árboles del parque.

....

....

Escribe otro ejemplo igual al anterior.

....

....

123. **Demuestra lo que sabes. Lee atentamente el texto siguiente. A continuación, subraya los adjetivos especificativos con una raya y los explicativos con dos.**

El viajero entra en el comedor, una habitación cuadrada con el techo muy alto, y en el techo, las desnudas vigas de castaño al aire. Decoran los muros media docena de cromos con pajaritos vivos y multicolores, grises conejos muertos colgados de las patas, rojos cangrejos cocidos y truchas de color de plata, con el ojo vidriado. A la mesa sirve una criada guapa, de luto, con las carnes prietas y la color tostada. Tiene los ojos negros profundos y pensativos, la boca grande y sensual, la nariz fina y dibujada, los dientes blancos. La criada del parador de Gárgoles es hermética y displicente, no habla, ni sonríe, ni mira. Parece una dama mora.

CAMILO J. CELA: *Viaje a la Alcarria.* Ed. Espasa-Calpe.

4.6. La forma del adjetivo

El adjetivo consta de un lexema y puede llevar los morfemas de género, número y grado:

alumno educado	*alumnos educados*	*alumnos* poco *educados*
alumna educada	*alumnas educadas*	*alumnas* muy *educadas*

4.7. El género y el número de los adjetivos

El adjetivo no tiene género y número propios, sino que los toma del nombre al que acompaña estableciendo la concordancia que da cohesión al GN.

- **Formación del plural.** Los adjetivos, al igual que los nombres, forman el plural mediante los morfemas **-s** o **-es,** según acaben en singular en vocal o en consonante:

amable-amables   inútil-inútiles

Sólo unos pocos son invariables:

triángulo isósceles   niño rubiales

- **Formación del femenino.** Se realiza de diferentes maneras:

    La mayoría de los adjetivos, hagan o no el masculino en **-o,** forman el femenino en **-a:**

hermoso-hermosa	*satisfecho-satisfecha*
bribón-bribona	*guapote-guapota*

    Otros son invariables y mantienen la misma forma para el masculino y para el femenino:

charla ⟶ agradable   jersey ⟶ azul
coloquio ↗   bufanda ↗

4.8. Grados de significación del adjetivo

La cualidad de los objetos, que expresa el adjetivo, puede graduarse, haciéndola más o menos intensa. Así, un muchacho puede ser:

nada agradable - poco agradable - algo agradable - bastante agradable
menos agradable que su hermana - muy agradable - agradabilísimo...

Los procedimientos que emplea la lengua para graduar la intensidad del adjetivo son dos:

- mediante **adverbios** o **locuciones adverbiales:**

  nada, poco, bastante, extremadamente, muy... ⎫
  en sumo grado, en extremo, por demás... ⎬ *guapa*

- mediante **prefijos** o **sufijos:** *reguapa, requeteguapa, guapísima*

124. Establece la concordancia de los siguientes adjetivos con un nombre en masculino y otro en femenino.

Ej.:

gato gruñón   *gata gruñona*

regordete ....   *miserable* ....

....

inquieto ....   *audaz* ....

....

cordial ....   *inútil* ....

....

125. Explica la siguiente frase: *Los adjetivos en español pueden ser de una o de dos terminaciones.*

....

....

126. Construye grupos nominales en los que los nombres siguientes vayan complementados por adjetivos.

Ej.:

nueces   *Lleva abiertas tres nueces podridas.*

ingeniero ....

inspectora ....

golondrinas ....

triángulo ....

moscardón ....

moscas ....

127. Gradúa la significación del adjetivo *hermoso*, empezando por los grados más bajos y terminando en los más altos.

....

....

....

....

128. Demuestra lo que sabes. Escribe V o F, según sean verdaderas o falsas las siguientes afirmaciones.

a) El adjetivo tiene género y número propios. ☐

b) El significado del adjetivo sólo puede graduarse en tres grados: positivo, comparativo y superlativo. ☐

c) Los morfemas de género y número del adjetivo sólo sirven para establecer la concordancia con el nombre en el grupo nominal. ☐

d) Todos los adjetivos tienen forma distinta para el masculino y para el femenino. ☐

Los tres grados del adjetivo

Los grados de significación del adjetivo, como hemos visto, son muchos; pero la gramática sólo estudia tres:

- el **positivo:** si expresa la cualidad sin compararla ni cuantificarla:

  *Javier es **inteligente** (**bondadoso, honesto, servicial...**)*

- el **comparativo:** cuando compara la cualidad en diversos seres. Puede ser:

  — de **superioridad:** | *más inteligente **que** |*
  — de **igualdad:**   *María es* | ***tan** inteligente **como** | su hermano.*
  — de **inferioridad:** | ***menos** inteligente **que** |*

- el **superlativo:** si expresa la cualidad en su más alto grado:

  *Jorge es **el más vago de** la clase (**muy vago, vaguísimo**).*

Superlativo absoluto y relativo

Observemos la distinta significación de los adjetivos en grado superlativo:

*Ana es **la más amable de** la clase.*
*Ana es **muy amable o amabilísima.***

En el primer caso, **Ana** posee la cualidad **amable** en el más alto grado, pero referida únicamente a su clase: es un **superlativo relativo;** en el segundo, es la **más amable** en su clase, en el colegio, en todas partes: es un **superlativo absoluto.**

El superlativo absoluto se forma normalmente con el adverbio **muy** o con los sufijos **-ísimo** y a veces **-érrimo** (de carácter culto): *simplísimo, certísimo...; celebérrimo, integérrimo (de íntegro), paupérrimo (de pobre), pulquérrimo (de limpio), libérrimo (de libre), misérrimo (de mísero),* etc.

4.9.   Apócope de los adjetivos

El **apócope** consiste en la supresión de uno o varios sonidos al final de una palabra. Los adjetivos que sufren apócope son:

- **bueno, malo** y **santo,** cuando van delante de nombres masculinos en singular:

  buen** hombre*   ***mal** estudiante*   ***San Jorge

  Santo no se apocopa en *Santo Tomás, Santo Tomé, Santo Toribio* y *Santo Domingo.*

- **grande,** cuando va delante de cualquier nombre, masculino o femenino:

  *un **gran** señor*   *una **gran** señora*
  *un **gran** éxito*   *una **gran** hazaña*

129. Construye oraciones comparativas.

El mar	es	más	que	los toros
Las vacas	son	menos	como	el lago
El tigre		tan		el leopardo

....
....
....

130. Los adjetivos *bueno, malo, grande* y *pequeño* conservan, junto a las formas populares, otras cultas heredadas del latín.

Completa el cuadro siguiente con las formas cultas.

positivo	comparativo	superlativo
bueno	mejor	óptimo
malo	....	....
grande	....	máximo
pequeño	....	....

● Escribe ahora una oración con cada uno de los superlativos:

....
....
....
....

131. Demuestra lo que sabes. Formula oraciones en las que emplees los siguientes adjetivos en grado superlativo absoluto y relativo.

Ej.:

poderoso   *Napoleón fue **el más poderoso** monarca de su tiempo.*
                       *Napoleón fue un gobernante **poderosísimo.***

fuerte   ....
                ....

pulcro   ....
                ....

célebre   ....
                ....

fértil   ....
                ....

mísero   ....
                ....

frío   ....
                ....

amigo   ....
                ....

Ejercicios de autoevaluación

132. Construye oraciones en las que emplees GN con la siguiente estructura en la función que desees.

Det   +   N   + Complemento   ....
Art   +   N   + Aposición   ....
            Pron   ....
Dem   +   N   + Adj   ....
Poses   +   N   + Prop adj   ....
            Pron + Aposición   ....
Indef   +   N   + C. prep   ....

133. El complemento preposicional del nombre en muchas ocasiones puede sustituirse por un adjetivo. Fíjate y haz lo mismo.

Ej.:

Los juegos de los niños gustan también a los mayores.   **infantiles**

Las playas de Málaga son muy famosas.   ....

Las comunicaciones por mar son más lentas que por el aire.   ....

Las sesiones del Parlamento son muy aburridas.   ....

¡Cuánto añoramos la alegría de los jóvenes!   ....

Explica por qué crees que es factible esta conmutación.

....

134. Sustituye las proposiciones adjetivas por una palabra, sin que varíe el significado de la oración.

Ej.:

Los niños que están enfermos no pueden asistir a clase.   **enfermos**

Los obreros que sufrieron el accidente están ya recuperados.   ....

He arreglado la persiana que tenía una lama rota.   ....

¿Recuperaste el chándal que olvidaste en los vestuarios?   ....

Las uñas que tienen los gatos están muy afiladas.   ....

Explica por qué es posible esta transformación.

....

135. Completa las siguientes oraciones añadiendo tres adjetivos a cada una.

Los gatos son   .... y ....
La cigüeña es   .... y ....
Esta azada es   .... y ....
Algunos hombres son   .... y ....

- ¿Has cuidado la concordancia con el nombre en género y número?
- Subraya ahora aquellos adjetivos que has empleado de una sola terminación.

136. Escribe los adjetivos que faltan en el texto siguiente. Procura que el texto tenga sentido y que concuerden correctamente.

Rodearon otro .... cúmulo de peñas, y la vista que entonces se abrió ante ellos los dejó .... Sobre un .... terreno .... se extendía un jardín de formas .... , con setos .... con esmero y senderos de grava .... , macizos de flores .... y .... de capullos, fuentes y estanques de adorno. En el centro del jardín se alzaba una ..... casa de estilo .... y .... Sus paredes, ... , estaban .... y .... por maderos .... como el ébano, formando dibujos; el techo era de pizarra, y las .... chimeneas eran de color .... Las ventanas, ... , refulgían y brillaban al sol. Una casa así en mitad del campo habría resultado .... , pero en medio del .... paisaje de Mitología era un hallazgo .... Lo que hacía aún más .... era que toda ella estaba hecha en miniatura: los setos del jardín medían unos quince centímetros de alto, las fuentes eran del tamaño de una palangana y la .... mansión era como una casa de muñecas ....

GERALD DURRELL: *El paquete parlante.* Ed. Alfaguara.

137. Lee atentamente el texto siguiente.

En el arroyo grande, que la lluvia había dilatado hasta la viña, nos encontramos, atascada, una vieja carretilla, perdida toda bajo su carga de hierba y de naranjas. Una niña, rota y sucia, lloraba sobre una rueda, queriendo ayudar con el empuje de su pechecillo en flor al borricuelo, más pequeño ¡ay! y más flaco que Platero. Y el borriquillo se despachaba contra el viento, intentando, inútilmente, arrancar del fango la carreta, al grito sollozante de la chiquilla. Era vano su esfuerzo, como el de los niños valientes, como el viento de esas brisas cansadas del verano que se caen, en un desmayo, entre las flores.

JUAN RAMON JIMÉNEZ: *Platero y yo.* Ed. Cátedra.

- Señala los adjetivos especificativos con un raya y los explicativos con dos.
- Reconoce el adjetivo que se encuentra en grado comparativo.

....

Transfórmalo en superlativo:
          absoluto   ....
          y relativo   ....

5. Funciones del grupo nominal

5.1. Síntesis de las funciones que puede realizar el GN[1]

Hemos estudiado ya que el GN puede realizar las funciones de:

- **sujeto:** *La laguna se ha secado.*
- **aposición** (comp. del nombre sin enlace): *Luis,* **mi hermano,** *está enfermo.*
- **comp. preposicional de un nombre:** *El caballo* **del cartero** *anda suelto.*

También puede realizar otras funciones:

- **vocativo,** cuando llamamos o nombramos a nuestro interlocutor: **Claudia,** *ábreme la puerta, por favor.*
- **comp. de un adjetivo:** *Este hombre es* **débil** *de carácter.*
- **comp. de un adverbio:** *Esta niña anda* **mal** *de la cabeza.*
- **comp. del grupo verbal:**

  — **atributo:** *Beatriz es* **abogada.**
  — **comp. directo:** *¡Por fin he comido* **espinacas!**
  — **comp. indirecto:** *¿Le has devuelto el dinero* **a Irene?**
  — **comp. circunstancial:** *Te esperaré* **cinco minutos.**
  — **comp. agente:** *Esta valla ha sido derribada* **por un camión.**
  — **comp. preposicional del verbo:** *Sólo hablamos* **de nuestras cosas.**
  — **comp. predicativo:** *Esta yegua se llama* **Suerte.**

5.2. Complementos de los complementos

Observemos la estructura del sujeto en la siguiente oración:

Alberto, el entrenador de fútbol de mi pueblo está enfermo
  N   C del N   C del N
                — C del nombre —
           —————— aposición ——————

Como podemos ver, la estructura del GN sujeto es muy compleja. El núcleo *Alberto* está complementado por un GN en aposición: *el entrenador... de mi pueblo.* A su vez, el núcleo de la aposición está complementado por un complemento preposicional del nombre: *de fútbol de mi pueblo.* Y éste, a su vez, lleva un complemento preposicional del nombre: *de mi pueblo.*

Ello da lugar a los **complementos de los complementos.**

En cada una de las funciones que puede realizar el GN, puede presentar cualquiera de las estructuras que hemos estudiado.

---

[1] Las mismas funciones que puede realizar el nombre pueden realizarlas el pronombre y cualquier palabra sustantivada.

138. Formula oraciones en las que los nombres siguientes funcionen como *vocativos*.

Ej.:

niños   *A ver, **niños**, salid al recreo.*

chucho   ....
Samuel   ....
Delia   ....
gallinas   ....
hombre   ....
guardia   ....
portero   ....

139. Formula oraciones con las siguientes expresiones.

lleno **de vida**   ....
loco **por el fútbol**   ....
tonto **de capirote**   ....
fuerte **de brazos**   ....
ancho **de espaldas**   ....

• ¿Qué función realizan los nombres en negrita?

....

140. Formula oraciones con las siguientes expresiones.

mal **de amores**   ....
bien **de dinero**   ....
estupendamente **de salud** ....

• ¿Qué función realizan los nombres en negrita?

....

141. Demuestra lo que sabes. Señala qué función realizan los GN en negrita de las siguientes oraciones.

Ya te he dicho, **Luis,** que no estoy para bromas.   ....
Hace tres meses estuvo aquí **Antonio** por última vez.   ....
Estoy bien **de dinero** y mal **del estómago.**   ....
Estamos ya hartos **de galletas.**   ....
Claudia es muy estrecha **de cintura.**   ....
Me gustan los paraguas **de hombre.**   ....
El mal **de la piedra** está destruyendo nuestras catedrales. ....
Mira, **niña,** ahí está tu hermano.   ....

Ejercicios de recapitulación y autoevaluación

142. Ejercita tu ingenio.

a) *Ese dicho me ha hecho mucha gracia.* En esta oración:

- ¿Cuál es el sujeto? ....
- ¿Qué es la palabra **dicho?** ....

b) *El rojo de las amapolas es muy intenso.* En esta oración:

- ¿Cuál es la estructura del sujeto? ....
  ....
  ....

c) *Luis es un quijote.* En esta oración:

- ¿Por qué *quijote* está escrito con letra minúscula? ....

d) *El búho es un ave en peligro de extinción.*

- ¿La palabra **búho** es nombre individual o colectivo? Justifica la respuesta. ....
  ....
- ¿La palabra **un** es un determinante masculino o femenino? Justifica la respuesta.
  ....

e) Observa estas oraciones:

*Esta montaña tiene **una pendiente** muy pronunciada.*
*Tienes **un pendiente** roto.*

- ¿Cómo se manifiesta el género en la palabra señalada en negrita?
  ....

f) Pon tres ejemplos en los que el pronombre **la** se refiera a distintos seres.
  ....
  ....

g) Las palabras **un, una** pueden ser artículos indeterminados y numerales. Distínguelos en las siguientes oraciones:

*He visto sólo **una** paloma en el tejado, no dos.* ....
*Me ha saludado **un** señor que te conocía.* ....
*Hay **un** solo niño subido en la valla.* ....
*Fui a comprar **un** chubasquero y compré dos paraguas.* ....

h) *Mis hermanos, contentos, se fueron de excursión.* ¿El adjetivo **contentos** es explicativo o especificativo? Justifica la respuesta.
  ....
  ....

143. Ejercita el ingenio. Imagínate que lees este texto publicitario en un periódico o revista.

EN ESTILO, NO SEAS MODESTO

Asegúrate de que te compras un coche de diseño. Mira bien la calandra, los grupos ópticos integrados, los parachoques envolventes o los embellecedores de rueda, cuidados al detalle...

Confirmarás por qué ese aire agresivo y deportivo que, a primera vista, ya te llama.

Ahora contesta:

a) Escribe el texto de manera que exija un tratamiento de respeto.

....
....
....
....

b) Escribe los pronombres personales empleados. Incluso los repetidos.

....

c) Señala qué clase de palabras es cada uno de los **que.** Justifica la respuesta.

de **que**... ....
por **qué**... ....
deportivo **que**... ....

d) Posiblemente no conozcas el significado de la palabra **calandra,** pero sí tienes que saber qué clase de palabras es. ¿Por qué?

....

e) Señala qué grupos nominales presentan la siguiente estructura:

Det + N + Prep + N: ....
....
....
....
....
....
....
....

144. **Sigue la pista.**

Lee atentamente el texto siguiente.

MANIQUÍES

En la ciudad de Los Ángeles acaban de introducir la novedad de las maniquíes agentes de policía.

No son verdaderas mujeres, sino muñecas de tamaño natural, muy hermosas, vestidas con el uniforme y al volante de los coches patrulla apostados en lugares estratégicos.

Su misión es muy simple: en vez de intimidar al conductor temerario y poco temeroso de la multa, la visión de esta falsa agente le mueve a reducir la velocidad e incluso a saludarla.

Los expertos comprobaron que una mujer guapa impresiona igualmente a otra mujer, con lo que el efecto es el mismo para uno y otro sexo. Los guardias de pescuezo colorado o de raza negra estimulan la agresividad. Están, pues, a la baja.

IGNACIO CARRIÓN. *El País*, 13-9-89.

Ahora contesta:

a)   En el texto hay 13 adjetivos. Subráyalos. Tres de ellos son explicativos. Escríbelos y di por qué así lo crees.

....

....

b)   Observa el uso de la palabra **agente:** maniquíes **agentes,** falsa **agente.** ¿Qué clase de palabra es en uno u otro caso?

....

....

c)   Identifica dos adjetivos en grado superlativo: ....
   ¿Son absolutos o relativos? ....
   ¿De qué ótra manera podías decirlo sin que varíen de sentido? ....
   ....

d)   Señala dos adjetivos sustantivados en el texto.

....

e)   Identifica cuatro GN que funcionan como sujeto de la oración y explica su estructura.

....

....

145. Sigue la pista. Lee el siguiente texto de Julio Cortázar y contesta.

INSTRUCCIONES PARA LLORAR

*Dejando de lado los **motivos**, atengámo**nos** a la manera **correcta** de llorar entendiendo por **esto** un llanto **que** no ingrese en el escándalo, ni **que** insulte a la sonrisa con su paralela y **torpe** semblanza. El llanto **medio** u ordinario consiste en una contracción general del rostro y un sonido espasmódico acompañado de lágrimas y **mocos, estos** últimos al final, pues el **llanto** se acaba en el momento en **que uno** se suena enérgicamente.*

*Para llorar, dirija la imaginación hacia **usted mismo**, y si **esto** le resulta **imposible** por haber contraído el hábito de creer en el mundo exterior, piense en **un** pato cubierto de hormigas o en **esos** golfos del **estrecho** de Magallanes en **los que** no entra nadie, nunca.*

*Llegado el llanto, se tapará con decoro el rostro usando **ambas** manos con la palma hacia dentro. Los niños llorarán con la manga del saco contra la cara, y de preferencia en un rincón del **cuarto**. Duración media del llanto, **tres minutos**.*

JULIO CORTÁZAR: *Historia de cronopios y de famas.* Ed. Edhasa.

1. Identifica qué clase de palabra son las señaladas en negrita y di su género y número.

....
....
....
....
....
....
....
....
....
....
....
....
....

2. Señala los GN de la siguiente oración y explica su estructura:

Los niños llorarán con la manga del saco contra la cara.

....
....
....
....

146. Lee atentamente el siguiente poema de Manuel Altolaguirre y contesta.

FIN

La luna con un puñal
desgarró la piel del aire.
La tierra por esa herida
desbordó sus ríos de sangre.
Ya no se escucha el latir
del corazón de los mares.
Sin alma quedó la tierra:
¡qué palidez en los árboles!
Hombres sedientos clamaban,
incendiando las ciudades.

MANUEL ALTOLAGUIRRE:
Poesías completas.
Ed. Cátedra.

1. Qué clase de palabras son las siguientes:

herida	....	**latir**	....
se	....	**qué**	....
palidez	....	**sedientos**	....

2. Transforma el poema en un texto en prosa y escribe un adjetivo a cada uno de los nombres que no lo llevan.

....
....
....
....
....
....
....
....

3. Escribe los grupos nominales cuya función reconozcas y di cuál es ésta:

....
....
....
....

III
EL GRUPO VERBAL

6. El verbo, núcleo del predicado

6.1. Estructura del núcleo del predicado

Recordemos que el predicado es lo que se dice del sujeto: qué es, qué hace, etc.

El predicado es un grupo verbal, porque el núcleo es siempre un verbo. Observemos las formas que puede adoptar el núcleo del predicado:

— GN —	—————GV—————	
	limpió su habitación.	(forma simple)
Jorge	*ha limpiado su habitación.*	(forma compuesta)
	será recompensado.	(voz pasiva)
	se puso a limpiar.	(perífrasis)

A veces, el verbo está formado por varias palabras que equivalen y funcionan como una sola. En estos casos se ayuda de auxiliares: verbos que han perdido totalmente su significado léxico (verbo *haber* para las formas compuestas y *ser* para la voz pasiva) o parcialmente (como en las perífrasis verbales que después estudiaremos).

6.2. Qué es el verbo

Se define por estos tres rasgos:

— **Función.** Es el núcleo del predicado.

— **Significado.** Expresa procesos (acciones que el sujeto realiza o padece: *Jorge ríe. | Nieves ha sido galardonada*) o estados (*Claudia está enferma*).

— **Forma.** Es la palabra que más variaciones experimenta. El significado de cada forma verbal viene dado por:

- la raíz o lexema que contiene el significado léxico del verbo; y
- las desinencias que aportan las informaciones gramaticales de **persona, número, tiempo, modo, aspecto** y **voz.**

Éstas se manifiestan en:

- las **terminaciones** en las formas simples: *jugaréis* (2.ª persona, plural, futuro, indicativo, aspecto imperfecto); y en
- el **auxiliar** en las formas compuestas: *habréis jugado* (2.ª persona...).

6.3. Significado de las desinencias verbales

— **La persona y el número.** La **persona** (yo, tú, él) y el **número** (singular y plural) son variaciones que también experimentan otras clases de palabras.

El **infinitivo, gerundio** y **participio** carecen de variaciones de persona y, por ello, se llaman **formas no personales.**

147. Lee atentamente el texto siguiente y subraya a continuación los verbos.

PABLITO CALVO

3ª.s. presente / indicativo / imperfecto / v. activa

El ex niño prodigio asegura estar «totalmente en contra del coloreado de películas, aunque como experimento técnico puede funcionar. Ni con los medios actuales de hoy se consigue un color aceptable, sólo unos tintes que manchan el fotograma. Colorear "Marcelino, pan y vino", por poner un ejemplo de película española de altos valores estéticos, sería una salvajada, nunca se conseguiría la calidad de la fotografía original y, tanto la gama de grises como los contraluces perderían sus calidades. Es como poner a la Gioconda seria. Este procedimiento deforma lo natural.»

ABC, 5-9-89.

148. Separa el lexema de las desinencias en las formas verbales del texto.

Ej.:

asegura

..........pued<u>e</u>........

........consigu<u>e</u>........

........manch<u>an</u>........

..........sería........

........conseguiría........

..........perder<u>ían</u>..........

..........deform<u>a</u>..........

149. Indica qué persona y número señalan los siguientes verbos.

asegura .... 3º s. ....
manchan .... 3º p. ....
decidir .... impersonal no tiene persona; plural ....
finalizados ....
perdería .... 1º/3º s. ....
hubisteis dormido .... 2º p. ....

150. Demuestra lo que sabes. Di si son verdaderas (V) o falsas (F) las siguientes afirmaciones.

a) El verbo es la clase de palabras que más variaciones experimenta. ✓

b) El número y la persona son variaciones que también experimentan el nombre y el pronombre. V/F

c) El verbo **haber** es el auxiliar para construir las formas compuestas y el **ser** para formar la voz pasiva. ✓

d) El núcleo del predicado puede estar formado por varias palabras, pero todas ellas equivalen a un solo verbo. ✓

— El **tiempo.** Indica si la acción es simultánea (presente), anterior (pasado) o posterior (futuro) al momento en que se habla.

> *Nunca **he estudiado, estudio** o **estudiaré** los viernes por la tarde.*

— El **modo.** Manifiesta la actitud del hablante ante la acción verbal. Observemos estas oraciones:

> *Hoy **habéis hecho** mucho ruido.*
> *Quizá **hagáis** ruido.*
> ***Haced** menos ruido, por favor.*

El hablante emplea el modo:

- **indicativo** *(habéis hecho)*, cuando expresa la acción con objetividad: la considera real.
- **subjuntivo** *(hagáis)*, si expresa la acción como un deseo, duda, temor, etc.
- **imperativo** *(haced)*, si ordena, ruega o prohíbe algo al oyente.

> El modo imperativo sólo tiene dos formas propias de 2.ª persona *(canta, cantad)*; para las restantes personas y para la negación se emplea el subjuntivo: *cante, cantemos, canten; no cantes, no cantéis.* Es, por tanto, incorrecto decir **no canta* y **no cantad.*

— El **aspecto.** Informa sobre el desarrollo interno de la acción. Fijémonos en estos ejemplos:

> *Me **levantaba** cuando **llegaste.***   *Me **había levantado** cuando **llegaste.***
> *Me **levantaré** cuando **llegues.***   *Me **habré levantado** cuando **llegues.***

Las formas **levantaba** y **levantaré** expresan una acción en el pasado o en el futuro sin indicar su final: son formas de aspecto **imperfecto.**

Las formas **había levantado** y **habré levantado** señalan una acción ya acabada en al pasado o en el futuro: son formas de aspecto **perfecto.**

> Son formas de **aspecto imperfecto,** es decir, expresan una acción inacabada, todas las simples, a excepción del pretérito perfecto simple *(canté)*; y formas de **aspecto perfecto,** que indican una acción acabada, todas las compuestas y además el pretérito perfecto simple.

6.4. La conjugación de los verbos regulares

La conjugación es la serie ordenada de todas las formas que puede adoptar un verbo. En español, los infinitivos de todos los verbos acaban en **-ar** (1.ª conjugación), **-er** (2.ª), **-ir** (3.ª), dando lugar a los tres modelos de conjugación.

SER y ESTAR - siempre imperfecto (handwritten)

151. Separa en las siguientes formas verbales la raíz de las desinencias e indica la <u>perso-na y número</u> que señalan.

Ej.:

engañaron — engañaron — 3.ª per. pl.

habías terminado — *habías terminado* — *2ª pers. sing.* (handwritten)

devolvía — *1ª/3ª pers. sing.* (handwritten)

hubieron observado — *3ª p. plur.* (handwritten)

coseremos — *1ª p. plur.* (handwritten)

152. ¿Qué expresan los modos verbales en las siguientes oraciones?

Ej.:

Quizá **esté** aún en casa. — una duda

¡Si **estuviera** aquí mi hermano...! — *deseo/tener/alegría* (handwritten)

Insistió en que lo **esperáramos** hasta las dos. — *realidad/deseo* (handwritten)

No **salgáis** hasta que os lo **diga**. — *ordena* (handwritten)

Dudo mucho que **cumpla** su palabra. — *realidad/Duda* (handwritten)

Puesto que **llegas** tarde no **quiero** salir.

153. Di cuáles son formas perfectas y cuáles imperfectas.

Pasé mi infancia en un pueblecito de Zamora. ....

Cuando **estudiaba** en la universidad ya **trabajaba** por las noches. ....

¿**Habrás terminado** a las seis? ....

Aunque **habéis estudiado** bastante, no **sabéis** todavía la lección. ....

● Explica el criterio que has seguido. ....
....

154. Demuestra lo que sabes. Señala la persona, el número, el modo y el aspecto de los verbos de las siguientes oraciones.

Yo lo traería a casa si **supiera** donde está.

1ª p. subj imperfecto (handwritten)

No os acostumbréis a que os **haga** la comida todos los días.

→imperativo negativo →imperfecto (handwritten)

Llegarás muy lejos si eres listo.

2ª p. s. futuro indicativo activa perfecto/imperfecto imperfec (handwritten)

FORMAS NO PERSONALES

	Simples		Compuestas
Infinitivo	amar, temer, partir	haber	amado
Gerundio	amando, temiendo, partiendo	habiendo	temido, partido
Participio	amado, temido, partido		

--- INDICATIVO ---

Presente

Yo	amo	temo	parto	
Tú	amas	temes	partes	
Él	ama	teme	parte	
Nos.	amamos	tememos	partimos	
Vos.	amáis	teméis	partís	
Ellos	aman	temen	parten	

Pret. perf. compuesto

he	
has	amado,
ha	temido,
hemos	partido
habéis	
han	

Pret. imperfecto

Yo	amaba	temía	partía
Tú	amabas	temías	partías
Él	amaba	temía	partía
Nos.	amábamos	temíamos	partíamos
Vos.	amabais	temíais	partíais
Ellos	amaban	temían	partían

Pret. pluscuamperfecto

había	
habías	amado,
había	temido,
habíamos	partido
habíais	
habían	

Pret. perfecto simple

Yo	amé	temí	partí
Tú	amaste	temiste	partiste
Él	amó	temió	partió
Nos.	amamos	temimos	partimos
Vos.	amasteis	temisteis	partisteis
Ellos	amaron	temieron	partieron

Pret. anterior

hube	
hubiste	amado,
hubo	temido,
hubimos	partido
hubisteis	
hubieron	

Futuro

Yo	amaré	temeré	partiré
Tú	amarás	temerás	partirás
Él	amará	temerá	partirá
Nos.	amaremos	temeremos	partiremos
Vos.	amaréis	temeréis	partiréis
Ellos	amarán	temerán	partirán

Futuro perfecto

habré	
habrás	amado,
habrá	temido,
habremos	partido
habréis	
habrán	

Condicional

Yo	amaría	temería	partiría
Tú	amarías	temerías	partirías
Él	amaría	temería	partiría
Nos.	amaríamos	temeríamos	partiríamos
Vos.	amaríais	temeríais	partiríais
Ellos	amarían	temerían	partirían

Condicional perfecto

habría	
habrías	amado,
habría	temido,
habríamos	partido
habríais	
habrían	

Presente

Yo	ame	tema	parta
Tú	ames	temas	partas
Él	ame	tema	parta
Nos.	amemos	temamos	partamos
Vos.	améis	temáis	partáis
Ellos	amen	teman	partan

Pret. perf. compuesto

haya	
hayas	amado,
haya	temido,
hayamos	partido
hayáis	
hayan	

Pret. imperfecto

Yo	amara	temiera	partiera
	o amase	o temiese	o partiese
Tú	amaras	temieras	partieras
	o amases	o temieses	o partieses
Él	amara	temiera	partiera
	o amase	o temiese	o partiese
Nos.	amáramos	temiéramos	partiéramos
	o amásemos	o temiésemos	o partiésemos
Vos.	amarais	temierais	partierais
	o amaseis	o temieseis	o partieseis
Ellos	amaran	temieran	partieran
	o amasen	o temiesen	o partiesen

Pret. pluscuamperfecto

hubiera	
o hubiese	
hubieras	
o hubieses	
hubiera	amado,
o hubiese	temido,
hubiéramos	partido,
o hubiésemos	
hubierais	
o hubieseis	
hubieran	
o hubiesen	

Futuro

Yo	amare	temiere	partiere
Tú	amares	temieres	partieres
Él	amare	temiere	partiere
Nos.	amáremos	temiéremos	partiéremos
Vos.	amareis	temiereis	partiereis
Ellos	amaren	temieren	partieren

Futuro perfecto

hubiere	
hubieres	
hubiere	amado,
hubiéremos	temido,
hubiereis	partido,
hubieren	

IMPERATIVO

Presente

ama	teme	parte	Tú
amad	temed	partid	Vosotros

6.5. Formas verbales mal enunciadas

Muchas personas enuncian mal algunas formas verbales. Así:

- Añaden una **-s** innecesaria a la segunda persona del singular del pretérito perfecto simple y dicen *amastes, temistes* y *partistes,* en lugar de las correctas: *amaste, temiste* y *partiste.*

- Emplean el infinitivo con valor de imperativo y dicen: *cantar* por *cantad, temer* por *temed* y *partir* por *partid.*

- El imperativo pierde la **-d** final al unirse al pronombre **os:** *levantaos, sentaos, moveos...* Pero hay quien erróneamente dice: *levantaros, sentaros, moveros,* etc.

155. Subraya en las siguientes formas verbales dónde se señalan las informaciones gramaticales de persona, número, tiempo, modo y aspecto e indícalas.

Ej. devol-vieras   2.ª per., sing., pret. imperf., subj., aspecto imperfecto.

obtenían   ....

rebuscan   ....

engañarían   ....

hayáis concluido ....

hubieron observado ....

habrán caminado ....

156. Escribe todas las formas no personales de los verbos *luchar,* *beber* y *vivir.*

    formas simples   formas compuestas

    ....

    ....

    ....

157. Completa el siguiente crucigrama plano con las siguientes formas verbales.

1. 1.ª per. de sing. del pres. de sub. de **caminar.**

2. 2.ª per. de pl. del pret. anterior de **sufrir.**

3. 3.ª per. de sing. del condicional de **ayudar.**

4. 2.ª per. de sing. del pret. perf. de subj. de **estudiar.**

5. 3.ª per. de pl. del fut. de subj. de **comer.**

6. 1.ª per. de pl. del pret. plusc. de subj. de **dormir.**

C	A	M	I	N	E								

158. Di qué clase de oraciones son según la actitud del hablante y señala en qué modo se emplea el verbo.

Ej.: *¡Cuándo llegarás a tiempo!*   exclamativa   indicativo

 ¿Terminasteis, por fin, el partido? ....

 Tal vez viva todavía en aquella casa. ....

 ¡Ojalá comiéramos menos!   ....

 No subáis a la terraza.   ....

 Venid aquí todos.   ....

 Ayer sufrí una indigestión.   ....

Ahora explica en qué oraciones has empleado cada uno de los modos y por qué.

....

....

....

159. Escribe las siguientes oraciones en forma negativa.

Acercaos todos a la puerta. ....

Llámame antes de las nueve. ....

¿Qué transformaciones experimentan los verbos? ....

....

160. Completa las siguientes oraciones con la forma correcta del recuadro.

Ayer .... *demasiado tarde.*

.... *todos un rato.*

........., ¡ya lloraréis!

Venga, ... *rápido, que es tarde.*

¿Cuando .... *en Madrid* .... *el metro?*

No .... *tanto ruido.*

llegastes-llegaste
bailad-bailar
reíros-reíos
vestiros-vestios
estuviste-estuvistes
vistes-viste
haced-hagáis

161. Demuestra lo que sabes. Subraya los verbos del texto siguiente y analízalos. No tengas en cuenta las formas no personales.

La tarea más difícil para los hombres grises fue guiar, según sus planes, a los niños amigos de Momo. Después de que Momo hubo desaparecido, los niños se reunían, siempre que les era posible, en el viejo anfiteatro. Habían inventado cada vez juegos nuevos, y un par de cajas viejas les bastaban para emprender largos viajes de exploración o construir castillos y fortalezas. Habían seguido trazando sus planes y contándose sus cuentos; en resumen, habían hecho como si Momo estuviera con ellos. Y, sorprendentemente, había resultado que parecía que en verdad estuviera con ellos.

MICHEL ENDE: *Momo.* Ed. Alfaguara.

verbo	persona	número	tiempo	modo	aspecto

6.6. Verbos regulares e irregulares

Son verbos regulares los que en su conjugación:

- no modifican el lexema del infinitivo; y
- toman las mismas desinencias que los verbos considerados tradicionalmente como modelos: **amar, temer** y **partir.**

Son verbos irregulares si en su conjugación sufren alguna modificación:

- en el lexema del infinitivo: **acierto** (y no *acerto*);
- en las desinencias de sus modelos: **estoy** (y no *estó*); o
- en el lexema y en las desinencias a la vez: **cupe** (y no *cabí*).

Verbos aparentemente irregulares

Algunos verbos sufren modificaciones ortográficas en su conjugación, pero no en su pronunciación:

coger	**cojo**	(no *cogo*)
llegar	**llegué**	(no *llegé*)
tocar	**toqué**	(no *tocé*)

Estos verbos que cambian las letras, pero no los sonidos, no se consideran irregulares.

6.7. Modo de reconocer los verbos irregulares

Algunos verbos son irregulares en la totalidad de su conjugación, pero otros sólo lo son en parte. En éstos, las formas irregulares no se presentan aisladas, sino que afectan a grupos de tiempos a la vez.

- Cuando hay irregularidad en el **presente de indicativo** *(tengo* y no *teno)*, la hay también en el:

  presente de subjuntivo: tenga (y no *tena);* y
  presente de imperativo: ten (y no *tene).*

- La irregularidad en el **pretérito perfecto simple** *(estuve* y no *esté)* afecta a:

  pretérito imperfecto de subjuntivo: estuviera o **estuviese** (y no *estara* o *estase);* y
  futuro de subjuntivo: estuviere (y no *estare).*

- Cuando la irregularidad afecta al **futuro de indicativo** *(pondré* y no *poneré)*, afecta también al:

  condicional: *pondría* (y no *ponería).*

Por tanto, para reconocer si es o no regular un verbo, bastará con conjugar el presente de indicativo, el pretérito perfecto simple y el futuro de indicativo. Si en estos tiempos sigue los modelos, el verbo es regular; pero si experimenta algún tipo de variación será irregular.

6.8. Conjugación de los principales verbos irregulares

Verbos que sufren alteraciones en las vocales: cambio, diptongación, contracciones...

	CONCEBIR	DORMIR	ESTAR	VER
Presente de indicativo	concibo	duermo	estoy	veo
	concibes	duermes	estás	ves
	concibe	duerme	está	ve
	concebimos	dormimos	estamos	vemos
	concebís	dormís	estáis	veis
	conciben	duermen	están	ven
Presente de subjuntivo	conciba	duerma	esté	vea
	concibas	duermas	estés	veas
	conciba	duerma	esté	vea
	concibamos	durmamos	estemos	veamos
	concibáis	durmáis	estéis	veáis
	conciban	duerman	estén	vean
Presente de imperativo	concibe tú	duerme tú	está tú	ve tú
	concebid vosotros	dormid vosotros	estad vosotros	ved vosotros
Pretérito perfecto simple	concebí	dormí	estuve	vi
	concebiste	dormiste	estuviste	viste
	concibió	durmió	estuvo	vio
	concebimos	dormimos	estuvimos	vimos
	concebisteis	dormisteis	estuvisteis	visteis
	concibieron	durmieron	estuvieron	vieron
Pretérito imperfecto de subjuntivo	concibiera o concibiese	durmiera o durmiese	estuviera o estuviese	viera o viese
	concibieras o concibieses	durmieras o durmieses	estuvieras o estuvieses	vieras o vieses
	concibiera o concibiese	durmiera o durmiese	estuviera o estuviese	viera o viese
	concibiéramos o concibiésemos	durmiéramos o durmiésemos	estuviéramos o estuviésemos	viéramos o viésemos
	concibierais o concibieseis	durmierais o durmieseis	estuvierais o estuvieseis	vierais o vieseis
	concibieran o concibiesen	durmieran o durmiesen	estuvieran o estuviesen	vieran o viesen
Futuro de subjuntivo	concibiere	durmiere	estuviere	viere
	concibieres	durmieres	estuvieres	vieres
	concibiere	durmiere	estuviere	viere
	concibiéremos	durmiéremos	estuviéremos	viéremos
	concibiereis	durmieseis	estuviereis	viereis
	concibieren	durmieren	estuvieren	vieren
Verbos que se conjugan de igual manera:	competir, derretir, elegir, embestir, expedir, gemir, impedir, medir, pedir, regir, rendir, repetir, seguir, servir, vestir...	morir	La reducción de vocales afecta también al verbo dar.	entrever y prever

Verbos que sufren alteraciones en las consonantes.

	HACER	HUIR	PONER
Presente de indicativo	hago haces hace hacemos hacéis hacen	huyo huyes huye huimos huís huyen	pongo pones pone ponemos ponéis ponen
Presente de subjuntivo	haga hagas haga hagamos hagáis hagan	huya huyas huya huyamos huyáis huyan	ponga pongas ponga pongamos pongáis pongan
Presente de imperativo	haz tú haced vosotros	huye tú huid vosotros	pon tú poned vosotros
Pretérito perfecto simple	hice hiciste hizo hicimos hicisteis hicieron	huí huiste huyó huimos huisteis huyeron	puse pusiste puso pusimos pusisteis pusieron
Pretérito imperfecto de subjuntivo	hiciera o hiciese hicieras o hicieses hiciera o hiciese hiciéramos o hiciésemos hicierais o hicieseis hicieran o hiciesen	huyera o huyese huyeras o huyeses huyera o huyese huyéramos o huyésemos huyerais o huyeseis huyeran o huyesen	pusiera o pusiese pusieras o pusieses pusiera o pusiese pusiéramos o pusiésemos pusierais o pusieseis pusieran o pusiesen
Futuro de subjuntivo	hiciere hicieres hiciere hiciéremos hiciereis hicieren	huyere huyeres huyere huyéremos huyeseis huyeren	pusiere pusieres pusiere pusiéremos pusiereis pusieren
Futuro de indicativo	haré harás hará haremos haréis harán	huiré... (regular)	pondré pondrás pondrá pondremos pondréis pondrán
Condicional	haría harías haría haríamos harías harían	huiría... (regular)	pondría pondrías pondría pondríamos pondríais pondrían
Verbos que se conjugan de igual manera:	Se conjugan como hacer sus compuestos: contrahacer, deshacer y rehacer	argüir, concluir, excluir, recluir, destituir, prostituir, restituir, sustituir, construir, derruir, diluir.	Los verbos acabados en **-oner:** anteponer... venir y los terminados en **-enir:** convenir... tener y sus compuestos: retener, contener...

Verbos que sufren alteraciones en las vocales y en las consonantes.

	DECIR	CABER	SER	IR
Presente de indicativo	digo dices dice decimos decís dicen	quepo cabes cabe cabemos cabéis caben	soy eres es somos sois son	voy vas va vamos vais van
Presente de subjuntivo	diga digas diga digamos digáis digan	quepa quepas quepa quepamos quepáis quepan	sea seas sea seamos seáis sean	vaya vayas vaya vayamos vayáis vayan
Presente de imperativo	di tú decid vosotros	cabe tú cabed vosotros	se tú sed vosotros	ve tú id vosotros
Pretérito perfecto simple	dije dijiste dijo dijimos dijisteis dijeron	cupe cupiste cupo cupimos cupisteis cupieron	fui fuiste fue fuimos fuisteis fueron	fui fuiste fue fuimos fuisteis fueron

Pretérito imperfecto de subjuntivo	dijera o dijese
	dijeras o dijeses
	dijera o dijese
	dijéramos o
	  dijésemos
	dijerais o dijeseis
	dijeran o dijesen
		cupiera o cupiese
		cupieras o cupieses
		cupiera o cupiese
		cupiéramos o
		  cupiésemos
		cupierais o cupieseis
		cupieran o cupiesen
			fuera o fuese
			fueras o fueses
			fuera o fuese
			fuéramos o
			  fuésemos
			fuerais o fueseis
			fueran o fuesen
				fuera o fuese
				fueras o fueses
				fuera o fuese
				fuéramos o
				  fuésemos
				fuerais o fueseis
				fueran o fuesen

Futuro de subjuntivo	dijere dijeres dijere dijéremos dijereis dijeren	cupiere cupieres cupiere cupiéremos cupiereis cupieren	fuere fueres fuere fuéremos fuereis fueren	fuere fueres fuere fuéremos fuereis fueren
Futuro de indicativo	diré dirás dirá diremos diréis dirán	cabré cabrás cabrá cabremos cabréis cabrán	seré... (regular)	iré... (regular)
Condicional	diría dirías diría diríamos diríais dirían	cabría cabrías cabría cabríamos cabríais cabrían	sería... (regular)	iría... (regular)
Verbos que se conjugan de igual manera:	Los compuestos de decir: antedecir, contradecir, desdecir, predecir, bendecir, maldecir...			

162. Averigua si son o no regulares los verbos siguientes. Escribe R o IR.

acertar .... caer .... dar .... poder ....
andar .... llevar .... aterrizar .... predecir ....
adquirir .... ceñir .... zurcir .... comprender ....
abrir .... descifrar .... zumbar .... reir ....
querer .... oir .... conocer .... concluir ....
comer .... almorzar .... cenar .... sudar ....

163. Completa las oraciones con la forma verbal correspondiente. Si hay más de una escoge la que desees.

Cuando (estar) .... en Alemania (ver) .... Berlín.
Si (dormir) .... ocho horas, (hacer) .... mejor tus tareas.
Hoy no (salir) .... contigo, porque otros días me (rehuir) ....
Aquí yo (caber) .... aunque (ser) .... de pie.
Si no (decir) mentiras y no nos (poner) .... en ridículo, te (ver) .... más a menudo.
(Terminar) .... de comer y Luis no (aparecer) ....
Quien mal (andar) .... mal (acabar) ....
Mientras (hacer) .... tan deprisa tus dibujos, no (poder) .... salirte bien.

164. Analiza las formas verbales que has empleado en la actividad anterior en el cuadro siguiente.

verbo	persona	número	tiempo	modo	aspecto

165. Escribe oraciones con las siguientes formas verbales.

1.ª per. sing. del pres. de subj. del verbo **ser.**

....

2.ª per. sing. del pret. imperf. de subj. del verbo **ir.**

....

3.ª per. sing. del condicional del verbo **hacer.**

....

1.ª per. pl. del futuro de indic. del verbo **salir.**

....

2.ª per. pl. del pret. imperf. de subj. del verbo **caber.**

....

3.ª per. pl. del pres. de subj. del verbo **poner.**

....

166. Escribe oraciones con los siguientes pares de palabras empleando el verbo en la 3.ª per. de pl. del pret. perf. simple.

Ej.:

dormilón-dormir   *Los dormilones durmieron a sus anchas en el refugio.*

fugitivo-huir   ....

vidente-ver   ....

gallina-poner   ....

adivino-predecir   ....

albañil-construir   ....

policía-detener   ....

obrero-rehacer   ....

167. ¿En las oraciones en las que has empleado los nombres en la función de sujeto qué transformación has realizado? ....

¿Por qué? ....

168. Demuestra lo que sabes. Señala si las siguientes afirmaciones son verdaderas (V) o falsas (F).

a) Cuando un verbo es irregular en el futuro lo es también en el condicional. ☐

b) Un verbo es aparentemente irregular si experimenta modificaciones en la ortografía, pero no en la pronunciación. ☐

c) Los verbos irregulares que has estudiado son todos los que existen en español. ☐

d) Cuando un verbo es irregular en el pretérito perfecto simple lo es también en el pretérito perfecto compuesto y en el pretérito anterior. ☐

6.9. Verbos defectivos o incompletos

Son aquellos que presentan incompleta su conjugación porque carecen de algunos tiempos o de algunas personas. Son los principales:

- **Nevar, llover, tronar...** y otros que expresan fenómenos de la Naturaleza sólo se emplean en la 3.ª persona de singular: *nieva, llueve, trona...*

- **Atañer, concernir, acontecer** y **acaecer.** Únicamente se emplean en tercera persona porque no admiten el uso con los sujetos personales, que son los de 1.ª y 2.ª persona: *atañe, concierne, aconteció, acaecieron.*

- Algunos verbos acabados en **-ir,** como **cernir, agredir, abolir, compungir...,** sólo se emplean en el infinitivo y en aquellas formas verbales cuya desinencia empieza por -i: *cernió, agredían, abolieron, compungió.*

- **Soler** únicamente se usa en las formas de los siguientes tiempos: presente de indicativo: *suelo, sueles...;* pretérito imperfecto de indicativo: *solía, solías...;* presente de subjuntivo: *suela, suelas...;* participio: *solido.*

6.10. Participios irregulares

Los participios, al igual que las demás formas verbales, pueden presentar irregularidades en el lexema o en las desinencias o en ambas a la vez:

abrir	*abierto*	*decir*	*dicho*
escribir	*escrito*	*hacer*	*hecho*
morir	*muerto*	*ver*	*visto*
poner	*puesto*	*resolver*	*resuelto*
romper	*roto*	*volver*	*vuelto*

Verbos con dos participios

Algunos verbos poseen dos participios, uno regular y otro irregular.

verbo	participio regular	participio irregular
bendecir	*bendecido*	*bendito*
elegir	*elegido*	*electo*
freir	*freído*	*frito*
imprimir	*imprimido*	*impreso*
prender	*prendido*	*preso*

169. Formula oraciones con los siguientes verbos.

diluviar ....

atañer ....

concernir ....

acontecer ....

acaecer ....

agredir ....

abolir ....

compungir ....

170. Las siguientes palabras son adjetivos que en otro tiempo se emplearon también como participios irregulares. Escribe el infinitivo del que derivan y el participio que se emplea ahora.

Ej.:

abstracto	abstraer	abstraído
atento	atentat atender	atendido
concluso	concluir	concluido
confeso	confesar	confesado
confuso	confundir	confundido
convicto	convencer	convencido
correcto	corregir	corregido
despierto	despertar	
harto	hartar	hartado
maldito	maldecir	maldecido
provisto	prover	provehido
suspenso		
tuerto	torcer	torcido

171. Demuestra lo que sabes. En las siguientes oraciones algunas formas verbales están mal empleadas. Táchalas con una cruz.

Antiguamente los reyes aprobaban y abolían las leyes. En la actualidad es el Congreso de los Diputados quien aprueba y abole las leyes.

Cuando nos agreden debemos intentar evitar la pelea y huir.

Este año he rompido tres pares de zapatillas de deporte.

¿Habéis escribido la postal a vuestro abuelo?

Finalmente el atracador fue preso por la policía.

¿Me has frito dos huevos o uno?

Estoy harto de tarta.

He hartado a mis hijos de tarta.

El reo, confeso, fue ajusticiado.

6.11. La voz pasiva

Observemos las siguientes oraciones:

— S —	—————————— P ——————————
Colón	*descubrió América en 1492.*
América	*fue descubierta por Colón en 1492.*

Ambas oraciones expresan la misma idea, pero con construcciones diferentes. En el primer caso, el sujeto **(Colón)** es el agente o protagonista de la acción: es una construcción activa; en el segundo, el sujeto **(América)** recibe o padece la acción del verbo: es una construcción pasiva.

La voz pasiva se expresa a través del verbo en la siguiente forma:

fue	*descubierta*
auxiliar **ser**	participio de **descubrir**

Fijémonos ahora en estas oraciones:

América	*fue descubierta* por Colón en 1492.
América	*se descubrió* en 1492.

Una y otra construcción es pasiva. A veces, en la construcción pasiva se omite el agente cuando no se conoce o no interesa a los interlocutores. En tales casos se puede expresar la voz pasiva con el pronombre **se** y el verbo en voz activa. Esta construcción recibe el nombre de **pasiva refleja**.

Conjugación de la voz pasiva

FORMAS NO PERSONALES

Infinitivo	ser amado	haber sido amado
Gerundio	siendo amado	habiendo sido amado

MODO INDICATIVO

Presente	Yo soy amado	**Pret. perf. compuesto**	Yo he sido amado
Pret. imperfecto	Yo era amado	**Pret. pluscuamperfecto**	Yo había sido amado
Pret. perf. simple	Yo fui amado	**Pret. anterior**	Yo hube sido amado
Futuro	Yo seré amado	**Futuro perfecto**	Yo habré sido amado
Condicional	Yo sería amado	**Condicional perfecto**	Yo habría sido amado

MODO SUBJUNTIVO

Presente	Yo sea amado	**Pret. perf. compuesto**	Yo haya sido amado
Pret. imperfecto	Yo fuera o fuese amado	**Pret. pluscuamperfecto**	Yo hubiera o hubiese sido amado
Futuro	Yo fuere amado	**Futuro perfecto**	Yo hubiere sido amado

MODO IMPERATIVO

Presente	Sé amado tú	Sed amados vosotros

172. Transforma las siguientes oraciones en pasivas sin cambiar el tiempo del verbo.

Ej.:

El médico *ausculta* al paciente. / El paciente es auscultado por el médico.

Una tormenta arrasó los campos.

Los campos fueron ~~es~~ arrasados por una tormenta

Quizá el mecánico haya arreglado ya el coche.

Q. el coche ya haya sido arreglado por el méca...

Mi hermano había dicho toda la verdad.

había sido dicha por mi hermano.

173. Construye oraciones con las siguientes formas verbales. A continuación, las transformas en activas sin cambiar el tiempo del verbo.

fue entendido

seréis premiados

habían sido trasladados

174. Transforma en pasivas reflejas las siguientes oraciones.

Ej.:

Este edificio fue abandonado hace dos años.

Este edificio se abandonó hace dos años.

Por fin las puertas de Europa han sido abiertas a los españoles.

Se han abierto las puertas por

Últimamente las casas son construidas con peores materiales.

Se ~~fueron~~ construyen

En algunos países los robos son castigados con penas durísimas.

(¡ se castigan "

175. Demuestra lo que sabes. Observa las siguientes ilustraciones y escribe una oración activa, otra pasiva y otra pasiva refleja de cada una de ellas.

6.12. Construcciones reflexivas, recíprocas y de verbo pronominal

Observemos estos tres grupos de oraciones:

a) *Yo me afeito.* (a mí mismo)
   Tú te peinas. (a ti mismo)
   Luisa se baña. (a sí misma)

to oneself *me llamo Juan.*

b) *Jorge y yo nos telefoneamos.* (uno a otro)
   Ana y Belén se quieren mucho. (mutuamente)
   Los hermanos se ayudan. (unos a los otros)

mutual *recíproco*

c) *Yo me avergüenzo, a veces, de mí mismo.*
   ¿Tú no te arrepientes de nada?
   Ellos se vanaglorian de su triunfo.

Todas estas oraciones presentan predicados con estructuras parecidas (un pronombre personal átono acompaña al verbo en la misma persona que el sujeto y el verbo), pero son muy diferentes.

- Las oraciones del **grupo a)** son **reflexivas.** En ellas quien recibe la acción del verbo son los pronombres personales reflexivos **me, te, se, nos, os** y se refieren a la misma persona que la realiza. Pueden realizar la función de complemento directo o indirecto.

$$\overbrace{\underset{Yo}{\text{— S —}}\ \underset{\underset{CD}{me\ afeito.}}{\text{— P —}}}\qquad \overbrace{\underset{Yo}{\text{— S —}}\ \underset{\underset{CI}{me\ afeito}\ \underset{CD}{las\ patillas.}}{\text{——— P ———}}}$$

- Las oraciones del **grupo b)** poseen una construcción **recíproca.** Son una variante de las reflexivas: la acción realizada por dos o más sujetos recaen mutuamente sobre ellos mismos. Los pronombres personales recíprocos **nos, os, se** pueden ser, igualmente, CD o CI.

$$\overbrace{\underset{Los\ hermanos}{\text{——— S ———}}\ \underset{\underset{CD}{se\ ayudan}}{\text{— P —}}}\qquad \overbrace{\underset{Los\ hermanos}{\text{——— S ———}}\ \underset{\underset{CI}{se\ prestan}\ \underset{CD}{sus\ cosas.}}{\text{——— P ———}}}$$

- Las oraciones del **grupo c)** son muy diferentes a las anteriores. El verbo expresa una acción que tiene lugar en el interior del sujeto. En estas oraciones el pronombre no realiza ninguna función, sino que forma parte del núcleo verbal. Estas construcciones se suelen llamar de **voz media.**

$$\overbrace{\underset{Yo}{\text{— S —}}\ \underset{\underset{n}{me\ avergüenzo.}}{\text{——— P ———}}}$$

Existen en español muchos verbos que necesariamente han de conjugarse con la ayuda de los pronombres personales **me, te, se, nos, os: arrepentirse, jactarse, quejarse, atreverse...**; reciben el nombre de **verbos pronominales.**

176. Enuncia oraciones con los siguientes verbos y señala el tipo de construcción que presenta el predicado: reflexiva, recíproca o de verbo pronominal.

Ej.:

quejarse	*Mi madre no se queja cuando tiene dolores.*	verbo pronominal
llamarse	....reflex/recí..........	....
entusiasmarse	....pron..........	....
comunicarse	....pron..........	....
limpiarse	....reflexiva..........	....
insultarse	....recípr..........	....
cepillarse	....reflexiva..........	....
mirarse	....se..........	....

177. Distingue si en las siguientes oraciones el pronombre *se* es reflexivo, recíproco o forma parte de un verbo pronominal.

Claudia no se lava los dientes y ahora se queja de una muela. ....
Jorge y Nieves se quieren mucho, pero cuando se enfadan gritan que se odian. ....
Cuando se decida a participar, se jactará de todos nosotros. ....pronominal....
Los jóvenes se vanaglorian de su fuerza, pero se avergüenzan fácilmente por nada. ....

178. Formula oraciones en las que el pronombre *os* se emplee en distintas construcciones reflexivas, recíprocas o de verbo pronominal.

....
....
....

179. Demuestra lo que sabes. Di si las siguientes afirmaciones son verdaderas (V) o falsas (F).

a) Un verbo pronominal es aquel que necesariamente ha de conjugarse con la ayuda de un pronombre personal. □

b) Las construcciones reflexivas y las recíprocas emplean los mismos pronombres personales. □

c) El pronombre reflexivo se refiere a la misma persona que el sujeto, aunque el verbo vaya en otra persona distinta. □

d) Los pronombres reflexivos y recíprocos son los mismos pronombres personales átonos empleados en construcciones reflexivas o recíprocas. □

6.13. Las perífrasis verbales

Observemos la estructura del núcleo del predicado en estas oraciones:

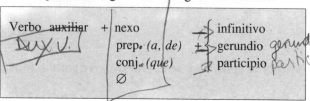

— S —	——— P ———	
	estudia	*Medicina.*
Irene	*ha estudiado*	*Medicina.*
	debe estudiar	*Medicina.*
	n	

El núcleo del predicado puede estar formado por varias palabras que forman una **perífrasis.** Pueden presentar alguna de las siguientes formas:

Verbo auxiliar	+	nexo		infinitivo
		prep. *(a, de)*	+	gerundio
		conj. *(que)*		participio
		Ø		

Debo estudiar más.
Debes de estudiar más.
Tienes que estudiar más.
Estoy terminando.
Me lo tiene prohibido.

El verbo auxiliar de las perífrasis ha perdido su significado léxico o sólo conserva un vago resto de su significado original. Se utiliza en forma personal. El verbo principal va en forma no personal y aporta el significado fundamental del verbo.

6.14. Principales perífrasis verbales

A veces empleamos estructuras idénticas a las perífrasis, pero que no lo son. Observemos las oraciones que emplean los personajes de las ilustraciones.

En la oración *Voy a jugar un partido* el verbo **ir** no pierde su significado propio de desplazamiento, por lo que no constituye una perífrasis; sin embargo, en la oración *Voy a jugar con mis hijos* no existe desplazamiento y el verbo **ir** sólo aporta el matiz aspectual «me dispongo a», por lo que constituye una perífrasis.

Mediante las perífrasis expresamos en la oración diversos matices del modo y del aspecto; por eso distinguimos dos tipos de perífrasis: **modales** y **aspectuales.**

180. Lee atentamente el siguiente texto y contesta a continuación.

Alfanhuí iba de mañana con los bueyes a la dehesa boyal y comía su merienda en el campo o subía a comer con la abuela, si el boyero viejo bajaba a darle el turno. A la tarde subía, media hora antes de ponerse el sol, y dejaba a los bueyes en un cercado de pizarra que tenía en un lado un tinado grande en forma de cobertizo, donde había pesebres excavados en un tronco de encina. Allí se resguardaban los bueyes cuando llovía. Pronto aprendió Alfanhuí a conocerlos y los bueyes a él y, a la mañana, en cuanto veían su cabeza asomar por detrás de la tapia se encaminaban todos hacia la hangarilla para que les abriera. Y le saludaban con un mugido quedo, desde sus hondas narices. Alfanhuí les rascaba la frente o les acariciaba las astas. El último que salía era siempre «Caronglo», que iba a ponerle el húmedo hocico entre las manos y le olía.

Alfanhuí iba a veces saltando delante de los bueyes o detrás de todos, al lado de «Caronglo». Cuando había que pasar tollas o vadear el río, «Caronglo» le esperaba junto a la orilla y Alfanhuí se montaba encima de él.

RAFAEL SÁNCHEZ FERLOSIO: *Alfanhuí*. Ed. Destino.

- Subraya todos los verbos del texto.
- Escribe todas la estructuras que encuentres que coincidan con las de las perífrasis.

....

....

- Subraya en la lista anterior las que realmente sean perífrasis. Justifica la respuesta.

....

....

181. Demuestra lo que sabes. Di si las siguientes afirmaciones son verdaderas (V) o falsas (F).

a) Siempre que un verbo en forma personal es seguido de un gerundio forma una perífrasis. ☐

b) En las perífrasis el verbo auxiliar va en forma personal porque es el que conserva el significado propio del verbo. ☐

c) Las perífrasis pueden ser temporales, modales y aspectuales. ☐

d) Las perífrasis equivalen desde el punto de vista funcional a un solo verbo. ☐

Perífrasis modales. Expresan diversos matices de la actitud del hablante, como una obligación o una duda. Son las más frecuentes:

- De **obligación**:

tener que		*Tenéis que ayudarme.*
haber de	+ infinitivo	*He de terminar esto pronto.*
haber que		*Hay que dejar limpia la mesa.*
deber		*Debéis ir bien vestidos al cumpleaños.*

- De **probabilidad**:

deber de	+ infinitivo	*Debe de tener no más de veinte años.*
venir a		*La comida vino a costar unas mil pesetas.*

— **Perífrasis aspectuales.** Además del aspecto perfecto o imperfecto expresado en la conjugación se pueden expresar otros matices aspectuales mediante las perífrasis:

- Aspecto **ingresivo:** la acción está a punto de empezar.

ir a	+ infinitivo	*Ahora no puedo, voy a estudiar un rato.*
estar a		*Estuvimos a punto de perder la vida en aquel accidente.*

- **Aspecto incoativo:** la acción se considera en el momento de empezar.

echar a		*Se echó a reír, sin saber por qué.*
ponerse a	+ infinitivo	*Ponte a trabajar, que ya es la hora.*
romper a		*Rompió a llorar como una Magdalena.*

- **Aspecto durativo:** se considera la acción en su desarrollo.

estar		*Estás haciendo el ridículo; cállate.*
andar	+ gerundio	*Siempre andas metiéndote en líos.*
seguir		*¿Sigues trabajando en la misma empresa?*

- **Aspecto resultativo:** se expresa el resultado de la acción.

tener	+ participio	*Tengo gastada ya la paga de esta semana.*
llevar		*Ya llevo estudiadas todas las preguntas.*

182. Di qué expresan las perífrasis en las siguientes oraciones.

El coche debe estar en el garaje. ....

El coche debe de estar en el garaje. ....

183. Enuncia oraciones en las que los verbos siguientes formen perífrasis. Di lo que expresan.

Ej.:

venir _Esto viene a costar unas cien pesetas._ probabilidad

echarse ....

llevar ....

deber ....

echar ....

romper ....

tener ....

184. Distingue las perífrasis modales de las aspectuales. A continuación señala el matiz que aporta a la acción verbal.

Hemos de finalizar esta pelea tan estúpida. ....

Una comida romana venía a durar doce horas. ....

Debe de haber llegado ya a la estación. probabilidad

¿Os estáis vistiendo todavía? durativ

Mamá está escribiendo a máquina. ....

Ana lleva aprendidas cinco lecciones del libro. ....

Cuando se enteró del premio rompió a llorar. ....

Al vernos se puso a silbar. ....

Mi hermana sigue creyendo en fantasmas. ....

185. Demuestra lo que sabes. Distingue las perífrasis en las siguientes oraciones. Señala el valor en su caso.

Sólo he venido a avisaros. ....

No te acompañaré. Ahora mismo voy a acostarme. ....

Estos días andas atontado. ....

He venido corriendo desde el colegio. ....

Debes pagar las deudas. ....

Voy a ir de vacaciones a Cuenca. ....

Tendré que estudiar un poco más. ....

Estamos hartos de esperar. ....

Estoy estudiando desde las seis. ....

¿Sigues jugando al tenis los domingos? ....

Ése debe de ser el nuevo director. ....

Ejercicios de autoevaluación

186.   Completa las siguientes oraciones.

Las informaciones gramaticales del verbo van en ....
.... en las formas simples y en .... en las
formas ....

El aspecto .... sobre si la ....
es .... o inacabada.

Las voces del verbo son .... y .... y también se
habla de .... con los verbos pronominales.

Para determinar si un verbo es regular o ...., se recurre a la
.... de los tiempos ....
.... y futuro de ....

187.   Tacha las palabra incorrectas en las siguientes oraciones.

La policía lleva prendido-preso al ladrón.
Seguramente los perros andan soltados-sueltos.
He maldecido-maldito mil veces el día que te conocí.
Por esta cojera estoy eximido-exento de gimnasia.
Estamos hartados-hartos de tus caprichos.
Ya he corregido-correcto el ejercicio.
¿Has freído-frito los huevos?
Los diputados elegidos-electos han ocupado su escaño en el Congreso.

**188.   Recuerda que el pronombre *se* puede tener varios valores: reflexivo, recíproco,
formando parte de un verbo pronominal (voz media), impersonal, pasiva refleja.
Distingue estos valores en las siguientes oraciones.**

Se hizo de noche con la tormenta.   ....
Ramón se cepilla los zapatos todos los días.   ....
Ana y Jorge se ven a escondidas en el recreo.   ....
En el siglo pasado se fabricaron los primeros teléfonos.   ....
Luisa no se ilusiona con nada.   ....
Se dicen muchas inexactitudes en los periódicos.   ....
Mi hija se mira al espejo demasiado.   ....

189. Lee atentamente el texto siguiente y contesta.

Iba muy afeitado, el color de su piel era entre pergamino y topacio. Su delgadez tenía algo heroico. En su conjunto aquel hombre que hablaba a Soleá como Dios debe hablar a sus ángeles —es decir, de arriba abajo— era español y pertenecía a una de las casas más nobles de todos los tiempos. Tenía un cortijo cerca de Sevilla. En su distinción había signos de decadentismo y de degeneración, pero nada de eso le quitaba atractivos. Su bigote corto, en cepillo, tenía un color como desteñido, y hablaba diciendo cosas sin importancia:

—Soleá, dile a Juan que venga a ver los arriates del pabellón nuevo.

—Le aseguro que irá sin falta. La otra vez no fue porque le dio un pasmo y tuvo que guardar cama. Irá el sábado y estará allí el tiempo que sea menester, señor duque.

El aristócrata nos miró intrigado:

—¿Puedo preguntar qué sofá es ese que camina, señoritas?

Entonces Soleá nos presentó, y aquel caballero al ver que yo era americana pareció alegrarse y me habló en un inglés perfecto. Me preguntó entre serio y bromista si yo creía que un sofá podía caminar y respondí que no tenía más remedio que creerlo porque lo había visto con mis propios ojos.

RAMÓN J. SENDER: La tesis de Nancy. Ed. Magisterio Español.

● Subraya todos los verbos empleados.

● Analiza todas las formas de verbos irregulares.

verbo	per.	núm.	tiempo	modo	aspecto	voz	forma no per.

● Averigua si hay alguna perífrasis y escríbela.

....

7. Los complementos del predicado

7.1. El predicado verbal

Hay dos clases de predicado según sea la naturaleza del verbo: **nominal** y **verbal.** Observemos estas oraciones.

Luisa ha aprobado. ~~predicado verbal~~

Luisa ha roto el espejo.

Javier es médico. ~~predicado nominal v. cópula~~

Javier está enfermo.

En el **predicado verbal** el verbo posee pleno significado léxico *(ha aprobado, ha roto)*; en el **predicado nominal** el verbo *(es, está)* simplemente es un nexo o cópula que une el atributo al sujeto *(Javier = médico)*.

El núcleo del predicado puede ir solo o acompañado de distintos complementos, dependiendo de la naturaleza del verbo, que estudiamos a continuación.

7.2. El complemento directo (CD)

Observemos estas expresiones:

* * *Ana ha entregado.*
* * *Ana ha visto.*

Luis ha terminado.
Luis ha salido.

Hay verbos que necesariamente han de ir acompañados en la oración de un nombre o grupo nominal que complete su significación:

Ana ha entregado el paquete (la carta, el ejercicio...).
Ana ha visto a Luis (la película, la carrera...).

El nombre o GN que complementa o delimita la significación del verbo se llama **complemento directo (CD).**

Los verbos que llevan complemento directo son **transitivos** e **intransitivos** los que no lo llevan. A veces, un verbo transitivo puede emplearse en construcción intransitiva cuando el CD es fácilmente deducible: *Jorge come a las tres. (come algo). | Nieves lee. (lee algo)*

Realizan la función de CD

- un **nombre** o GN: *Come **lentejas**. | Come **un filete con patatas**.*

- un **pronombre**: *No he visto a **nadie** todavía.*

- un **complemento preposicional** (sólo con la preposición **a**) cuando se refiere a personas o cosas personificadas: *¿Has conocido **a Beatriz**. | Llamé **al cielo** y no me oyó.*

- una **proposición**: *Dice **que lo esperes un momento**.*

190. Subraya el predicado en las siguientes oraciones. Señala con dos rayas el núcleo.

Ej.:
La felicidad no siempre se consigue fácilmente.

Durante la cena mi hermano se puso enfermo.
Dentro de una semana comenzarán las vacaciones.
¿Ha llegado Luis de América?
¡Hemos pasado a la final!
El árbitro actuó con honestidad.

191. Completa las siguientes oraciones con diversos complementos. A continuación subraya aquel que complemente o delimite la significación del verbo, es decir, el CD.

Ej.:
El otro día vimos...   *El otro día vimos una película en el cine.*

Berta rompió...   ....
Este bolígrafo mancha...   ....
Mañana saldremos...   ....
Javier sonrió...   ....
Cuelga...   ....
Ana estuvo...   ....

192. Escribe oraciones en las que completen la significación del verbo transitivo:

- un nombre: ....
- un GN: ....
- un pronombre: ....
- una proposición: ....

193. Demuestra lo que sabes. Averigua si existen CD en las siguientes oraciones y lo subrayas en su caso.

Las vitaminas previenen muchas enfermedades.
¿Eligieron en tu clase delegada a Isabel?
Tal vez haya preparado mi madre la merienda para todos.
El público enfurecido lanzó almohadillas al torero.
¡Habéis ganado la copa otra vez!
Esperamos toda la tarde en la plaza.
Hoy he dormido sólo dos horas.
¿Trajeron las flores para Ana a tiempo?

Cómo reconocer el CD

Hay varios modos:

— La **pronominalización.** Consiste en sustituir el **nombre** o **GN** en función de CD por los pronombres personales **lo, la, los, las** y las variantes **le, les** (referidas al CD de persona y del. género masculino).

— S —	——— PV ———	
Claudia visitó	*el museo (los museos).*	= *lo, los* *visitó*
	la tienda (las tiendas).	= *la, las* *visitó*
	a Luisa (y a Ana).	= *la, las* *visitó*
	a Ramón (y a Luis). ⟶	= *lo, los* *visitó*
		le, les *visitó*
———————— CD ————————	—— CD ——	

El empleo de **le, les** para el CD es un **leísmo** (un desajuste en el uso de los pronombres) y su empleo está permitido cuando se refiere únicamente a personas y del género masculino. En este caso la **pronominalización** puede conducir a equívocos, por lo que siempre es recomendable realizar la transformación pasiva.

— La **transformación pasiva.** Al transformar la oración activa en pasiva el CD pasa a ser **sujeto paciente:**

——— S ———.	——— PV ———
Juan	*saludó a Ana.*
	CD
Ana	*fue saludada por Juan.*
sujeto paciente	

7.3. El complemento indirecto (CI)

El **complemento indirecto** puede acompañar a un verbo transitivo o intransitivo:

*Berta sonrió **a todos.*** (CI)   *Berta agradó **a todos.*** (CI).
*Berta entregó **el examen** (CD) **al profesor.*** (CI).

El **complemento indirecto** es un **nombre** o **GN** que designa la persona, animal o cosa que recibe el daño o provecho de la acción verbal.

La función de CI puede realizarla:

* un **nombre** o **GN** precedidos de las preposiciones **a** o **para:**
  *He dado las fotos **a Juan.*** (CI)   *Ya tengo mis fotos **para el carné.*** (CI)

* un **pronombre** con preposición o sin ella:
  Nos (CI) *entregarán las notas el jueves.*   *¿Traes algo **para mí?*** (CI)

* una **proposición adjetiva sustantivada** (Ver 11-10):
  Entregué el paquete a quien me lo pidió.

194. Enuncia oraciones con los verbos siguientes. Subraya el CD en su caso.

llegar ....

robar ....

heredar ....

competir ....

cuidar ....

recoger ....

● Ahora explica por qué con algunos de ellos no has empleado un CD.

....

195. Transforma las siguientes oraciones en pasiva para averiguar el CD, sin modificar el tiempo del verbo.

Has comprado una bicicleta viejísima. ....

El público aplaudió al líder. ....

En la tómbola gané esta muñeca. ....

Esta colcha no cubre toda la cama. ....

¿Grabó Antonio la película? ....

196. Sustituye el pronombre por un GN en función CD en las siguientes oraciones.

Ej.:

Lo perdoné por compasión.   *Perdoné **a Juan** por compasión.*

Los vi sentados en el parque. ....

La vendieron por mil pesetas. ....

Las abracé con alegría. ....

Lo castigaron por ladrar. ....

Lo agarré por la camisa. ....

197. Demuestra lo que sabes. Reconoce los CD en las siguientes oraciones y subráyalos.

El otro día el practicante me puso una inyección dolorosísima.

¿Ha guardado Ana la ropa de verano?

Mi padre ha enajenado la casa de la sierra ante la sorpresa de todos.

Claudia recibió a sus amigos por la cocina.

¿Me prestas el coche para esta tarde?

Toca la guitarra y el piano.

El sargento dirigió a la tropa una arenga sublime.

Jorge no ha entregado a Ana todavía el paquete.

● En una de las oraciones hay un CD múltiple, es decir, formado por dos GN. Señálalo.

Cómo reconocer el CI

El CI puede confundirse con otros complementos que también pueden unirse al verbo con la preposición **a**:

┌ A personal

- el CD: *Insultaste a mi amigo.*
- el complemento circunstancial (que estudiaremos después): *Después iré **a tu casa.***

Podemos reconocer el CI cuando admita la pronominalización por los pronombres **le, les**:

> *Ya envié el libro **a Ramón (a Berta).***   = *le envié el libro*
>
>   ***a mis padres.***   = *les envié el libro*

Cuando se pronominalizan a la vez el CD y el CI, las formas **le, les** se transforman en **se**:

>   CD   CI
>
> *Ya envié **el libro a Ramón.***   = *se lo envié*
>
> *Ya envié **el libro a mis padres.***   = *se lo envié*

Leísmo, laísmo, loísmo

El uso de los pronombres personales átonos no siempre coincide con el sistema que hemos estudiado, y que debemos tener en cuenta al realizar la pronominalización. Observémoslo:

	CD			CI
	mas.	fem.	neutro	mas. y fem.
singular plural	lo (le) los (les)	la las	lo	le les

Pero, a veces, se producen desajustes:

- el **leísmo** consiste en emplear **le, les** para el CD. Ya hemos visto que está permitido cuando se refiere a persona y del género masculino.

- el **laísmo** es el empleo incorrecto de **la, las** para el CI:
  * *La di a tu prima el compás,* en lugar de *Le di a tu prima el compás.*

- el **loísmo** es el empleo inadecuado de **lo, los** para el CI:
  * *Lo di a tu primo el compás,* en lugar de *Le di a tu primo el compás.*

198. Enuncia oraciones en las que el predicado ofrezca cada una de las estructuras siguientes.

P = V ....

P = V + CD ....

P = V + CI ....

P = V + CD + CI ....

199. Subraya el CD con una raya y el CI con dos en las siguientes oraciones.

Ej.:

Besó la mano a la dama elegantemente.

Ana guardaba los pasteles para su hermano.
No des caramelos al niño.
Eligieron el regalo para la boda.
Ya hemos comprado el bolso a mamá.
El capitán dio un permiso a mi hermano.

200. Identifica el CI en las siguientes oraciones y sustitúyelos por alguno de los pronombres personales átonos.

Ej.:

¿Has dejado la moto a Luisa?   ¿Le has dejado la moto?

Lo ha guardado para nosotros   Nos lo he guardado

Manda saludos para todos vosotros.   os tos manda saludo

Ha dejado esto en portería para ti.   Te se ha dejado en portería

Envié ayer el regalo a mis hermanos, se te envie a yer
                                       les   el reg

201. Escribe oraciones en las que los pronombres *le, les* funcionen como:

le (CD) ....

le (CI) ....

les (CD) ....

les (CI) ....

202. Demuestra lo que sabes. Analiza los elementos que se indican de la oración *Le han robado a mi primo Jacinto el coche nuevo.*

En esta oración el sujeto está .... y es ....

El predicado verbal es ....

.... que tiene un núcleo .... , un complemento ....

que es .... y un complemento ....

que es ....

La estructura del CD es ....

y la del CI ....

El pronombre .... *le* se refiere al .... y es, por

tanto, ...

7.4. El complemento circunstancial (CC)

Tanto en el predicado verbal como en el nominal pueden expresarse una o varias circunstancias de la acción del verbo; por ejemplo, **cuándo** ocurre, **dónde** sucede, **por qué,** etc.

Estas circunstancias se expresan mediante el CC; son muy variadas y pueden indicar:

— **lugar** ·	*Vivo **en Zamora**.*
— **tiempo** ·	*Estudio **de tres a nueve**.*
— **modo** ·	*Juego al tenis **bastante mal**.*
— **causa** ·	*Llora **de alegría**.*
— **instrumento** ·	*Lo apretó **con el destornillador**.*
— **materia** ·	*Está fabricado **con plástico**.*
— **compañía** ·	*Pasea **con su perro**.*
— **cantidad** ·	*Me costó **cinco mil pesetas**.*

La función de CC puede realizarla:

- un **grupo nominal** precedido o no de preposición:
  *Nos veremos **el lunes**.* (CC)   *Lo encontré **tras la puerta**.* (CC)

- un **pronombre:** *Hazlo **por mí**.* (CC)

- un **gerundio:** *Jorge recoge la habitación **protestando**.* (CC)

- y, de manera especial, un **adverbio** o **locución adverbial:**
  *Te espero **mañana**.* (CC)   *Terminó **en un santiamén**.* (CC)

Cómo reconocer el CC

- El CC puede aparecer tanto en el predicado verbal como en el nominal:
  *Viaja **por las Alpujarras**.*
  *Está enfermo **en la cama**.*

- Puede aparecer en la oración varias veces:
  El otro día vi a Luis en el parque gritando.
      CC   CC   CC

- Si se suprime en la oración no deja rastro o señal, es decir, no se sustituye por ningún pronombre:
  El otro día vi a Luis.
  Vi a Luis en el parque.
  Vi a Luis gritando.

203. Subraya los CC en las siguientes oraciones y señala qué circunstancia expresan.

Ej.:

Estas zapatillas costaron tres mil pesetas.   cantidad

El jueves iré con mi madre al médico. ....

Ana está en la cama por la gripe. ....

He arreglado la moto con los alicates. ....

Esto no vale ni un duro, te han engañado. ....

Ven conmigo al cine. ....

Chocaron en la carretera con un árbol. ....

Habla por los codos, incluso en clase. ....

204. Formula oraciones en las que los predicados presenten las siguientes formas.

Ej.:

V + CC (GN)   *Lo resolveremos **el lunes**.*

V + CC (Prep + GN)   ....

V + CC (gerundio)   ....

V + CC (pronombre)   ....

V + CC (adverbio)   ....

205. Formula oraciones en las que los verbos siguientes estén complementados por varios CC y señala la circunstancia que expresan.

Ej.:

ahorrar   ***El domingo*** (tiempo) *ahorraré **cien pesetas**.* (cantidad)

pasear   ....

fabricar   ....

dirigir   ....

pesar   ....

comer   ....

206. Demuestra lo que sabes. Analiza la siguiente oración: *El otro día el profesor entregó los apuntes de matemáticas a Luis, tu hermano.*

El sujeto es .... *constituido por* ....

El PV tiene como núcleo .... *y lleva los complementos*

.... *y* ....

Estos complementos presentan las siguientes estructuras:

- *el CD:* ....
- *el CI:* ....
- *el CC:* ....

7.5. El adverbio

Es un palabra invariable, es decir, carece de morfemas flexivos; pero admite sufijos para graduar la intensidad: *-ito, -illo, -ísimo.*

*Sírveme **poquito**.*   *Andamos **regularcillo**.*   *Cuesta **muchísimo**.*

Adverbio significa «junto al verbo» porque su función primordial es la de complementarle indicando una circunstancia de la acción verbal: *cómo, dónde, cuándo...* se realiza la acción del verbo.

*He dormido **bien**.*   *Llegamos **ayer**.*   *Ven **aquí**.*

También puede modificar la significación de:

- **adjetivos:** *La sopa está **muy caliente**.*
- otro **adverbio:** *Vivo **bastante lejos**.*
- **oraciones,** afirmando, negando o expresando una posibilidad o duda:

***Sí** lo vi.*   ***No** eres formal.*   ***Quizá** apruebe este examen.*

Clases de adverbios

Atendiendo a su significación, se pueden establecer siete grupos de **adverbios** y **locuciones adverbiales** (grupos de dos o más palabras que funcionan como un adverbio y tienen idéntico significado):

lugar:	*aquí, ahí, allí, acá, allá, encima, al final, al otro lado, en la cola.*
tiempo:	*hoy, ayer, mañana, ahora, entonces, en un santiamén, de vez en cuando.*
modo:	*bien, mal, regular, adrede, deprisa, a la chita callando, a las claras.*
cantidad:	*más, muy, mucho, poco, bastante, demasiado, poco más o menos.*
afirmación:	*sí, cierto, ciertamente, también, en verdad, sin ninguna duda.*
negación:	*no, nunca, jamás, tampoco, de ninguna manera, ni por ésas.*
duda:	*quizá (o quizás), acaso, tal vez, posiblemente.*

207. Subraya en las siguientes oraciones los adverbios y locuciones adverbiales y di de qué clase son.

Ej.:
Vete fuera a hurtadillas.   lugar, modo

Salió precipitadamente del coche. ....

Verdaderamente, tengo dos cazadoras. ....

¿Acaso no fue contigo Luis al cine? ....

Llegamos tarde por una avería de la moto. ....

A diario la señora iba de punta en blanco. ....

Yo vivo bastante lejos del colegio. ....

Siempre andas a salto de mata. ....

En breve iré a tu casa. ....

208. Distingue en las siguientes oraciones si las palabras en negrita son adverbios o indefinidos. Fíjate y haz lo mismo.

Ej.:
Te aprecio bastante, aunque tienes mucha cara.

*No me regales **más** discos, ya tengo **bastantes**.*

*No comas **más**, ya has comido **bastantes** cosas.*

*Bebe **menos**, te va hacer **mucho** daño.*

209. Formula oraciones en las que el adverbio modifique:

al verbo ....

al adjetivo ....

al adverbio ....

a toda la oración ....

210. Demuestra lo que sabes. La mayoría de las palabras acabadas en *-mente* son adverbios de modo, pero también pueden tener otros valores. Distínguelos.

oblicuamente	....	*antiguamente*	....
medianamente	....	*santamente*	....
seguramente	....	*felizmente*	....
realmente	....	*probablemente*	....
recientemente	....	*enormemente*	....
guapamente	....	*efectivamente*	....
lateralmente	....	*minuciosamente*	....

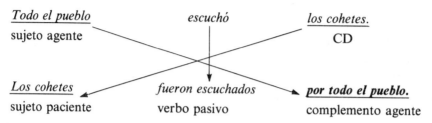

7.6. El complemento agente (CA)

Ya hemos estudiado que podemos expresar la misma idea con construcciones diferentes (activa y pasiva). Recordemos ahora los cambios funcionales que se producen en la transformación pasiva.

Todo el pueblo — *escuchó* — *los cohetes.*
sujeto agente — — CD

Los cohetes — *fueron escuchados* — *por todo el pueblo.*
sujeto paciente — verbo pasivo — complemento agente

En la construcción <u>activa</u> el sujeto es quien realiza la acción del verbo y se llama **<u>sujeto agente;</u>** en la construcción pasiva quien realiza la acción es el **complemento agente** y el sujeto gramatical la sufre o padece y, por ello, se llama **sujeto paciente.**

El **complemento agente** es compatible en una oración con otros complementos indirectos y circunstanciales, pero nunca con el complemento directo.

*Las notas fueron entregadas a Luis **por el profesor** el lunes por la mañana.*
— CI — CA — CC — CC

7.7. El suplemento

Observemos los complementos preposicionales de las siguientes oraciones:

*Dispuso la cena **en una hora.*** *Dispuso **de dinero para el viaje.***
*¡Por fin he hablado **en público!*** *Habló **de política.***
*Se avergonzó **de su indelicadeza.***
*Se queja **de las muelas.***

Existen complementos que podríamos omitir sin que variara sustancialmente la oración:

Dispuso la cena. *¡Por fin he hablado!*

Pero, en otros casos, no es posible y su omisión requiere la presencia de un pronombre:

*Dispuso **de eso.*** *Habló **de eso.*** *Se avergonzó **de eso.*** *Se queja **de eso.***

El complemento preposicional que necesariamente han de llevar algunos verbos para completar su significación se llama **suplemento.**

El **suplemento** puede ir acompañado de CC, pero es incompatible con el CD.

*Se acordó **de sus padres** el día de la boda.*
suplemento — CC

120

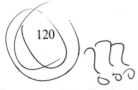

211. Subraya el CA en las siguientes oraciones.

Ana fue vista por su hermano en el parque.
El museo fue visitado por la mañana por los escolares.
Las luces fueron vistas por todos los vecinos.
Las órdenes fueron rechazadas por la gente por incoherentes.
La máquina de escribir ha sido sustituida por el ordenador.

212. Formula oraciones pasivas con los siguientes verbos. A continuación las transformas en activas.

Ej.:
editar   *Este libro ha sido editado por una editorial de Madrid.*
               Una editorial de Madrid ha editado este libro.

suscribir   ....
               ....
rotular   ....
               ....
canturrear   ....
               ....
descongelar   ....
               ....

213. Escribe oraciones con las siguientes estructuras en el predicado.

V + CA   ....
V + CA + CC   ....
V + CI + CC   ....

214. Formula oraciones con los siguientes verbos que tengan un suplemento.

acordarse de   ....
confiar en   ....
protestar de   ....

215. Demuestra lo que sabes. Distingue los complementos señalados en negrita.

*Te has olvidado **las gafas en clase.*** (CD, CC)   ....
*Coincidí **con Luis** en el campamento.* (CC)   ....
*Se ha construido **con el dinero público.*** (CC)   ....
*No me avergüenzo **de nada.*** Suplemento.   ....
*Te has olvidado **de la vuelta de mil pesetas.*** Suplemento ....
*Su simpatía es conocida **por todos.*** CA   ....
*El suelo se ha llenado **de migas.*** Suplemento   ....

121

7.8. El predicado nominal

Recordemos que en el **predicado nominal** el verbo no tiene significado léxico, simplemente es un nexo o cópula que une el **atributo** al sujeto.

Está formado por:

- un **verbo copulativo:** ser o estar y

- un **atributo:** palabra o palabras (adjetivos y nombres, normalmente) que dicen algo del sujeto.

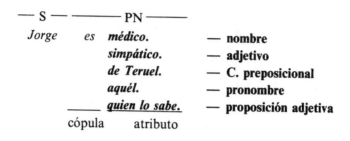

— S —	——— PN ———	
Jorge	*es*	*médico.*	— **nombre**
		simpático.	— **adjetivo**
		de Teruel.	— **C. preposicional**
		aquél.	— **pronombre**
		quien lo sabe.	— **proposición adjetiva**
	cópula	atributo	

Cómo reconocer el *atributo*

- El **atributo** concuerda con el sujeto en género y número:
  Mi hijo está enfermo.   *Mis hijas están enfermas.*

- Se puede conmutar por el pronombre **lo:**
  Juan es astronauta (antipático, de Cuenca...).   = **lo es**

Verbos semicopulativos

Hay otros muchos verbos que funcionan como verdaderos copulativos: *parecer, resultar, ponerse, quedarse, llegar a ser, andar, hacerse,* etc.

Conservan restos de su significación original, pero necesitan un **atributo** para funcionar en la oración; reciben el nombre de **semicopulativos.**

> *Luisa parece (llegó a ser...) inteligente (presidenta).*

Estos atributos no siempre pueden conmutarse por el pronombre **lo,** pero si se omiten la oración carece de sentido.

Usos no copulativos de *ser* **y** *estar*

No siempre los verbos **ser** y **estar** son copulativos. A veces, poseen pleno significado léxico y son predicativos:

> *La fiesta es en mi casa.* (CC)   (= *tiene lugar, se celebra...*)
> *Claudia está en Londres.* (CC)   (= *permanece, vive...*)

122

216. Subraya el atributo en las siguientes oraciones y señala qué forma presenta.

Ej.:

Luisa fue quien lo vio todo. Atributo   proposición adjetiva

En invierno el parque está solitario. ....adj................

Mis tíos son de Almería. At. ....c. preposicord....

A estas horas estamos todos muy cansados. At ....prop. - adjet.....

Serás un gran futbolista. ....nombre.... G.N

Este café está frío. ....adj....

¡En mi vida he estado tan contento! ....prep. - adj.....

Esto es mío. ....pron....

217. Formula oraciones con las siguientes estructuras en su predicado.

Ej.:

PN = Cópula + Adj.   *Claudia es muy inteligente.*

Cop + N   ....

Cop + C. preposicional   ....

Cop + proposición adjetiva   ....

Cop + Adj   ....

218. Escribe oraciones con los siguientes verbos y subraya el atributo.

Ej.:

ponerse   *Berta se puso pálida por el susto.*

llegar a ser   ....

hacerse   ....

resultar   ....

219. Formula oraciones en las que *ser* y *estar* no sean copulativos.

....

....

220. Demuestra lo que sabes. Distingue si las siguientes oraciones son de *predicado nominal* o *verbal*. Subraya el atributo en su caso.

Todos los alumnos estuvieron atentos a la explicación. ....

¿Todavía están los niños en la calle? ....

El Pilar es una fiesta nacional en España. ....

El disco está dentro del cajón de tu mesa. ....

Quien no dice la verdad es Ana. ....

Estos libros son los tuyos. ....

Luis está en Cáceres desde el jueves. ....

Antonio y Claudia no son de Alicante. ....

7.9. El complemento predicativo (CP)

compl. predicativo
→ pred. verbal.

Hay oraciones de predicado verbal (el verbo conserva su pleno significado léxico) que tienen un estructura muy parecida a la de predicado nominal.

Observemos las siguientes oraciones:

——— S ——— ——— PV ———
*Los niños   duermen **tranquilos**.*

——————— PV ———————
*Han elegido **director** a Luis.*

Hay palabras que complementan a la vez al verbo y al nombre: **tranquilos** se refiere a *los niños* y a *duermen;* **director** se refiere a *han elegido* y a *Luis*. Estos complementos se llaman **predicativos** y el nombre al que complementan puede ser:

- **sujeto:**

*Este señor se llama **Claudio**.*

El CP concuerda con el sujeto y con el verbo a la vez:

Esta señora se llama Claudia
Estos señores se llaman guardaespaldas.

- **complemento directo:**

*Han nombrado **entrenador** a Juan.*

Este complemento predicativo concuerda con el CD en género y número:

*Han nombrado **entrenadora** a Juana.*
*Han elegido **finalistas** a mis dos hermanos.*

Cómo diferenciar el CP del atributo en verbos semicopulativos

Si al verbo semicopulativo le suprimimos el atributo, carece de sentido:

*Antonio se ha hecho **policía**.*   * *Antonio se ha hecho.*
*Su padre permanece **optimista**.*   * *Su padre permanece.*

Sin embargo, sí puede suprimirse el CP:

*Luisa respondió a todo **nerviosa**.*   *Luisa respondió a todo.*
*El guarda nos vigilaba **atento** en el parque.*   *El guarda nos vigilaba en el parque.*

221. Subraya el CP y distingue si complementa al sujeto o al CD.

Antonio nos esperó aburrido toda la tarde. ....
Los espectadores gritaron indecente al torero. ....
Han declarado culpable a mi hermano. ....
El director lleva siempre la corbata impecable. ....
El perro huyó cobarde ante mis gritos. ....
Descansa tranquila la enferma. ....

222. Completa las siguientes oraciones con un CP.

Todos comenzaron la carrera ....
Siempre dejáis la puerta ....
El jefe ha considerado a Irene .... *para el nuevo puesto.*
Los árboles florecen .... *en la primavera.*
Hemos comido .... *toda la paella.*
La derrota dejó al equipo ....

223. Prácticamente todos los verbos predicativos pueden construirse con un CP. Formula oraciones con los verbos siguientes que lleven un CP.

sufrir ....
comprar ....
caminar ....
ver ....
saltar ....
cultivar ....

224. Demuestra lo que sabes. Señala qué función realizan las palabras en negrita.

Nadó **orgulloso** los quinientos metros. ....
La reunión es **en la parroquia.** ....
Ana anda **muy triste** en estos días. ....
Estamos a **diez de julio.** ....
Se puso **rojo** de vergüenza. ....
Esta situación es **muy desagradable.** ....
Circulamos **atentos** a las señales de tráfico. ....
Parecía, por su aspecto, **alemán.** ....
Me devolvió la camisa **rota.** ....
Observamos toda la escena **impasibles.** ....
Los toros resultaron **muy mansos.** ....
Juana anda **descalza** por la casa. ....

Ejercicios de autoevaluación

225. Di si las siguientes afirmaciones son verdaderas (V) o falsas (F).

a) El aspecto perfecto indica que una acción está acabada; por tanto, se refiere siempre al pasado. ☐

b) El CD y el suplemento se parecen en que ambos complementos son necesarios para completar el significado de algunos verbos. ☐

c) La función de CC puede realizarla un GN con o sin preposición, un pronombre y un adverbio o locución adverbial. ☐

d) El CP siempre concuerda con el sujeto en género y número. ☐

e) El pronombre **le** siempre es CI. ☐

226. Subraya el predicado en las siguientes oraciones e indica la función que realizan los elementos lingüísticos en negrita:

Ej.:

Ese individuo <u>posee **en su pueblo** (CC) **una finca inmensa** (CD)</u>.

Llévale **esta tarde** (...) a tu tío (...) **esta cesta de uvas** (...).

Aquel dependiente me (...) ha vendido **una lavadora** (...) **estropeada** (GN/CP) *participio*

Nos (...) ha comprado la casa (...) **por doce millones** (...) *cantidad* *CC.Manera (adverbio)*

Desde nuestra habitación (...) mi hermano y yo vemos **perfectamente** (...) la sierra (...).

Voy a pedir **un aumento de paga** (CD) para **mi hermana** (CI)

Luisa llama **por teléfono** (...) **todos los días** (...) **a sus amigas** (CI) *modo/instrumento* *C.C. de tiempo*

Este edificio se arregló **por orden de la autoridad** (...) *C.C. causa*

¿Han estado tus padres (...) **en el zoo** (...) **alguna vez** (...)? *C. de tiempo*

¿Ha estado **enfermo** (Atributo) **tu hermano** (Sujeto) **todo el verano** (...)? *tiempo*

Hoy (...) no traigo **nada** (CD) **para ti** (CI)

Este jamón es **de la sierra granadina** (Atributo)

Por fin (...) la fiesta (...) será **en casa de Ana** (...) *lugar*

¿Te (...) lavas los dientes (...) **todas las noches** (...)? *tiempo / cantidad*

Me (...) he comido **dos filetes** (CD) **a mediodía** (...) *C. tiempo*

¿No da flores (...) este rosal (S) **en primavera** (...)? *tiempo*

Luisa ha cometido **una grave falta** (CD) **en el colegio** (...) *C. lugar*

Nos (...) peleamos Ana y yo (S) **en el recreo** (...) *tiempo/lugar*

Le (...) propinaron **una soberana paliza** (CD), **entre todos** (S).

¿Te (...) han roto **tus amigos** (S) **el jersey** (CD) **en la fiesta** (...)? *lugar*

Discutieron **toda la tarde** (...) **de fútbol** (...) *Suplemento*

Discutieron **ayer** (...) **por el fútbol** (...) *causa*

Te burlas **de nosotros** (...) **sin ningún motivo** (...) *C. causa*

El abuelo fue atendido **por todos los nietos** (...)

instrumento
modo
tiempo
lugar

227. **Realiza el análisis completo, morfológico y sintáctico, de las siguientes oraciones. Observa cómo debes proceder.**

El vino rosado se sirve a la mesa muy frío, normalmente.

El **sujeto** es *El vino rosado,* y el **predicado verbal,** *se sirve a la mesa muy frío, normalmente.*

El **sujeto** presenta la siguiente estructura: det. artículo *[el]* + núcleo sustantivo *[vino]* + adj. (comp. del nombre) *[rosado].*

El predicado consta de: un núcleo *[se sirve]* + CC de lugar *[a la mesa]* + C predicativo *[muy frío]* + CC de tiempo *[normalmente].*

El CC *a la mesa* es un GN con preposición que consta de det. art. *[la]* + núcleo sustantivo *[mesa];* el C predicativo *muy frío* está formado por un adj. en grado superlativo *[muy frío];* el CC de tiempo es un adverbio *[normalmente].*

● Haz tú lo mismo.

a) *Ahora los televisores se manejan fácilmente con el telemando.*

....
....
....
....
....
....
....
....
....
....
....

b) *Esta paella ha sido cocinada por mi padre con mi ayuda.*

....
....
....
....
....
....
....
....
....
....
....

8. Significado y uso de las formas verbales

8.1. Las formas no personales

Recordemos que el **infinitivo, gerundio** y **participio** reciben el nombre de **formas no personales** porque carecen del morfema de persona.

Las formas simples y las compuestas tienen prácticamente los mismos valores; la diferencia es de aspecto. Las formas compuestas expresan aspecto perfecto y también el participio, por ello, carece de forma compuesta.

Las formas no personales tienen, además de su valor verbal, otros empleos gramaticales: el **infinitivo** funciona también como **nombre**; el **gerundio**, como **adverbio**; el **participio**, como **adjetivo**.

El infinitivo

Puede funcionar en la oración sólo como verbo:

- en las perífrasis: *Tienes que **terminar** antes de las tres.*
- en oraciones con valor de mandato: *¡A **dormir**!* (= id a dormir)[1].
- en oraciones interrogativas y exclamativas expresando sorpresa, duda, etc.: *¿**Cansarme** yo? | ¡**Llamarme** a mí tonto!*

Como nombre y verbo a la vez: *Quiero **jugar** sin ventaja.*
$$\text{CD} \longleftarrow \text{CC}$$

Funciona como nombre porque realiza una función propia del GN (CD) y como verbo porque puede llevar complementos propios del núcleo verbal (CC). En estos casos puede realizar cualquier función propia del GN:

- **Sujeto:** *Me agrada **escuchar música clásica**.*
- **Atributo:** *Esto es **sacar los pies del tiesto**.*
- **C. preposicional de un nombre:** *Alcánzame la máquina **de escribir**.*
- **C. preposicional de un adjetivo:** *Juan es fácil **de convencer**.*
- **C. directo:** *Pensé **haberte llamado** a las dos.*
- **C. indirecto:** *Pon remedio **a ese malestar**.*
- **C. circunstancial:** *Lo hice **sin haberlo pensado** suficientemente.*
- **C. agente:** *Fuimos despertados **por el ladrar de los perros**.*
- **Suplemento:** *Hablaron **de subir** a todos el sueldo.*

---

[1]   1.   Recordemos que es incorrecto el uso del infinitivo con valor de mandato cuando no lleva la preposición **a:** **dormir* por *dormid / salir* por *salid*.

228. Explica los valores del infinitivo en la siguientes oraciones.

Este asunto es difícil de solucionar.   ....

¿Has encontrado la piedra de afilar?   ....

El fumar es perjudicial para la salud.   ....

Decidí decírselo después de la cena.   ....

Lamento habértelo dicho tan bruscamente.   ....

Se avergonzó de haber comido toda la tarta.   ....

Querer es poder.   ....

Es el momento de festejar nuestro triunfo.

229. Emplea correctamente el verbo en las siguientes oraciones de mandato.

(Levantar) .... todos cuando llegue el director.

No (comer) .... tan deprisa, que no os alimenta.

¡A (dormir) .... que son las diez!

(Poner) .... a la cola.

No (jugar) .... en clase.

Eso es, (manchar) .... todos la ropa.

230. Cuando el infinitivo funciona como nombre y verbo a la vez, tiene sujeto y puede llevar complementos propios. Transforma los siguientes infinitivos en una construcción personal y averigua el sujeto.

Ej.:

No creo que sea necesario decir toda la verdad. No creo que sea necesario que digas **(tú)** toda la verdad.

Me agrada verte bien vestido.   ....

Quiero agradarle.   ....

Deseo dormir al niño.   ....

Lo hizo sin querer.   ....

Te vi llegar a las tres.   ....

231. Demuestra lo que sabes. Señala en las siguientes oraciones qué función realiza el infinitivo y di cuál es su sujeto.

No quiero molestar.   ....

El tocar la guitarra no es fácil.   ....

Te escuché gritar en sueños.   ....

Se arrepintió de decir mentiras.   ....

Lamento haberte hecho daño.   ....

Se jactó de insultarme.   ....

¿Consiguió acompañaros al cine?   ....

El gerundio

Puede funcionar sólo como verbo en las perífrasis:

*Luis **anda buscando** clientes.*

Como verbo y adverbio a la vez realizando, normalmente, la función de CC:

*No salgáis **corriendo**.*
$\overline{\text{CC de modo}}$

Cuando tiene sujeto expreso va en construcción absoluta formando conjunto con él; puede adquirir distintos valores:

- **temporal:** *Durmiendo la siesta, no abro la puerta a nadie.* (= cuando duermo)
- **condicional:** *Moviéndote así, no podré abrocharte la camisa.* (= si te mueves)
- **causal:** *Diciéndolo tú, te creo.* (= porque lo dices)

El gerundio de posterioridad

El gerundio expresa una acción:

- **simultánea** de la acción principal:

  *Me fatigo **leyendo** con poca luz.*

- **anterior** a ella:

  *Puedo subir, **agarrando** tú la escalera.*

Es inelegante y debe evitarse si la acción es **posterior:**

* *Montamos en la moto, **encaminándo**nos a la discoteca.*

El participio

Puede funcionar en la oración:

- sólo como verbo en las perífrasis: *Ya tengo **visitados** todos los museos.*
- como adjetivo cuando complementa a un nombre:

  *Esta puerta está **muy rayada**.*
  *Los pueblos **encalados** son muy agradables.*

- cuando tiene sujeto expreso va en construcción absoluta y adquiere diversos valores adverbiales:

  — **temporal:** *Finalizado el partido, nos fuimos a casa.* (= cuando finalizó)

  — **condicional:** *Aprobadas las oposiciones, se acabaron los problemas.* (= si aprobara)

232. Distingue en las siguientes oraciones el valor del gerundio.

Canta haciendo gorgoritos. ....

He visto a tu perro comiéndose un conejo. ....

Mandándolo mi padre, todos a obedecer. ....

Riéndote así, no te tomarán en serio. ....

El delegado, sintiéndose desautorizado, dimitió. ....

Mi hermano recoge la cocina protestando. ....

Previendo lo que iba a suceder, me marché. ....

233. Distingue los usos inelegantes del gerundio en las siguientes oraciones.

Vi el accidente mirando por la ventana. ....

Mi padre tropezó bajando por las escaleras. ....

Ana se cayó de la silla rompiéndose una pierna. ....

234. Explica las funciones que realiza el participio en las siguientes oraciones.

El público, cansado de esperar, protestó. ....

Estas latas de conserva están ya caducadas. ....

Antonio, dado su carácter, no vendrá. ....

Esta carretera será inaugurada el lunes. ....

Me gusta muchísimo la verdura hervida. ....

La puerta quedó abierta de par en par. ....

235. Escribe oraciones con los siguientes gerundios y participios y señala la función que realizan.

hablando ....

cocinando ....

ladrando ....

concluido ....

cortado ....

236. Demuestra lo que sabes. Averigua las funciones del gerundio en las siguientes oraciones y señala cuál es su sujeto.

Este canario se pasa el día cantando. ....

Mi hijo, oyendo música, no se entera de nada. ....

El gato, refunfuñando, me enseñó las uñas. ....

Llegando la noche, esta ciudad queda desierta. ....

Viendo el partido, no me gusta que me molesten. ....

Viniendo tú, no necesitamos a nadie más. ....

Repartiendo tú la tarta, estaremos de acuerdo. ....

Aprobando Física, estaré contento. ....

8.2. Formas del indicativo

— **Presente.** Expresa tiempo presente y aspecto imperfecto. Valores:

- **Presente actual.** La acción coincide con el momento del habla. Así en una retransmisión de atletismo: *Alonso salta la última valla y llega a la meta.*
- **Presente durativo:** *Duerme tranquilo.*
- **Presente habitual:** *Se levanta temprano todos los días.*
- **Presente intemporal:** *La ballena es un mamífero.*

Otros usos:

- **Presente histórico:** *Cervantes nace en Alcalá en el año 1547.* (=nació)
  Narra hechos del pasado con la intención de acercarlos al lector u oyente.
- **Presente por futuro:** *Mañana te pago las fotocopias.* (=pagaré)
- **Presente de mandato:** *A la noche comes las lentejas.* (=come)

— **Pretérito imperfecto.** Expresa tiempo pasado y aspecto imperfecto:
Veía tranquilamente la televisión cuando se fue la luz.

Otros usos:

- **Imperfecto de cortesía:** *¿Qué deseaba usted?* (=qué desea)
- **Imperfecto de contrariedad:** *Ahora que tenía trabajo, caigo enfermo.* (=tengo)
- **Imperfecto por condicional:** *Si tuviera dinero, te invitaba a merendar.* (=invitaría)
- **Imperfecto de conato** (acción a punto de realizarse): *Me iba cuando llamaste por teléfono.*

— **Pretérito perfecto simple y pretérito perfecto compuesto:**
Ambos tiempos expresan tiempo pasado y aspecto perfecto. Veamos entonces cuál es la diferencia entre ellos. Observemos estas oraciones:

El mes pasado hice dos viajes a la ciudad.

Este mes he hecho dos viajes a la ciudad.

Se emplea el **pretérito perfecto compuesto** para señalar acciones realizadas dentro de la unidad de tiempo en la que se encuentra en hablante. Si el hablante está fuera, emplea el **pretérito perfecto simple.**

Hemos de tener en cuenta que el hablante puede parcelar el tiempo en unidades muy diversas: eras geológicas, etapas históricas, milenios, siglos, años, tiempo que dura una clase, etc.

237. Distingue los valores y usos del presente de indicativo en las siguientes oraciones.

¿Qué comes? ....

Tu hermana recoge la mesa, pero tú friegas. ....

Picasso nace en Málaga el año 1881. ....

El próximo mes tengo coche nuevo. ....

¿Vosotros vais a la fiesta en coche? ....

Vosotros aguardáis vuestro turno. ....

*Hoy me levanto a las ocho, se me cae el café y llego tarde
al colegio. ¡Vaya día!* ....

El cuadrado de cuatro es dieciséis. ....

238. Explica, igualmente, los usos del pretérito imperfecto de indicativo en las siguientes oraciones.

Ahora que estaba en pijama tengo que salir. ....

Llegó Juan a casa cuando ya salía. ....

Antes veía mucho la televisión y por eso no leía. ....

¿Pensaba usted comprar alguna cosa? ....

Si consiguiera una entrada, te acompañaba. ....

¿Quería usted una o dos corbatas? ....

Si te lo propusieras, te nombraban director. ....

239 Emplea correctamente el pretérito perfecto simple y compuesto en las siguientes oraciones.

¡En mi vida (conocer) .... *otro caradura como tú!*

En este curso sólo (aprobar) .... *Matemáticas.*

El verano pasado no (ir) .... *al campamento.*

Esta primavera (hacer) .... *más frío de lo normal.*

La semana pasada (estar) .... *en el zoo.*

240. Demuestra lo que sabes. Señala si las siguientes afirmaciones son verdaderas (V) o falsas (F).

a) El pretérito imperfecto de indicativo siempre expresa aspecto imperfecto en todos sus valores. ☐

b) El presente de indicativo puede expresar tiempo presente, pasado o futuro, según sus usos. ☐

c) El pretérito perfecto simple expresa a veces aspecto imperfecto. ☐

d) El pretérito perfecto compuesto de indicativo se emplea en acciones del pasado, de aspecto perfecto y situadas en la misma unidad de tiempo en la que se encuentra el hablante. ☐

— **Pretérito pluscuamperfecto y pretérito anterior:**

Ambos expresan una acción pasada y perfecta anterior a otra acción también pasada. Veamos en las siguientes oraciones la diferencia entre ellos.

*Se levantó de la mesa cuando **había acabado** de cenar.*

*Se levantó de la mesa cuando **hubo acabado** de cenar.*

El pretérito anterior expresa inmediatez *(nada más acabar de cenar)*. Este matiz es muy sutil y, por ello, su empleo está en desuso.

— **Futuro.** Expresa tiempo venidero y aspecto imperfecto:

***Llegaré** tarde.*

Otros usos:

- **Futuro de mandato:** *Hoy no **verás** la televisión.*
- **Futuro de incertidumbre:** *¿Dónde **vivirá** Juan ahora?*
- **Futuro de cortesía:** *¿Le **molestará** mucho la escayola del brazo?*

— **Futuro perfecto.** Expresa tiempo futuro y aspecto perfecto:

*Cuando llegues **habré limpiado** la casa.*

También puede expresar **probabilidad** acerca de un hecho del pasado:

*Supongo que ya **habrá dormido** la siesta.*

— **Condicional.** Expresa una acción futura en relación a un hecho del pasado:

*Me prometiste que me **ayudarías** a pintar la habitación.*

Otros usos:

- En **oraciones condicionales** expresa una acción venidera: *Si fueras al teatro, te **acompañaría**.*
- **Condicional de probabilidad:** *Cuando se casó, **tendría** treinta años.*
- **Condicional de cortesía:** *¿**Podría** decirme la hora?*

— **Condicional perfecto.** Indica una acción futura y acabada respecto de un hecho del pasado:

*Te **habría dado** el dinero si se lo hubieras pedido.*

- **Condicional perfecto de probabilidad:**

*Si hubiera vivido mi padre, **habría sido** ingeniero.*

241. Señala los valores del futuro de indicativo en las siguientes oraciones.

El lunes se nombrará al director. ....

No verás más la televisión esta tarde. ....

Será todo un hombre, pero también llora. ....

Mañana traeréis sólo cuaderno y bolígrafo. ....

¡Te tomarás esta medicina, te guste o no! ....

¿Ese dedo roto le dolerá mucho? ....

Todo eso nos costará un riñón. ....

242. Distingue en las siguientes oraciones si los futuros y condicionales expresan cortesía o probabilidad.

De haber terminado Medicina, ahora viviría en Sevilla. ....

Querría conocer a tus padres. ....

Serían las ocho cuando llegó a casa. ....

Si me hubiera prevenido, no habría metido la pata. ....

Ustedes dirán en qué puedo servirles.

¿No le importaría apagar el cigarro? ....

¡No te habrás encontrado a Claudia en el cine! ....

Este edificio tendrá unos doscientos años. ....

243. Escribe oraciones con las siguientes formas verbales y señala el valor que tienen.

no dirás ....

decidiremos ....

habremos cumplido ....

habrá soñado ....

limpiaríamos ....

habrían perjudicado ....

244. Demuestra lo que sabes. Lee atentamente el texto siguiente y contesta.

Don Álvaro se vio en un apuro. ¿Qué pretendía aquella señora? ¿Provocar una conversación para aludir a lo que había entre ellos, que en rigor no era nada que mereciese comentarios? ¿Debía él extrañar aquella suposición de Ana? ¡Que no se fijaba en ella! ¿Era coquetería vulgar? ¿Quería dar por nulo todo lo que ambos sabían, las citas, sin citarse, en el teatro o en el paseo?

LEPOLDO ALAS «CLARÍN»: *La Regenta*. Alianza Editorial

● Si conmutamos los pretéritos imperfectos de indicativo *pretendía, debía, era, quería* por el condicional, qué valor tendría éste. Justifica la respuesta.

....

....

8.3. Formas del subjuntivo

— **Presente** *(cante)*. Con el presente de subjuntivo podemos referirnos a una acción:

- **presente:** *Me ha pedido que te dé esto.*
- **futura:** *¡Ojalá tengas razón!.*

— **Pretérito imperfecto** *(cantara o cantase)*. Puede indicar una acción:

- **presente:** *Si te callaras* (ahora), *estarías más guapo.*
- **pasada:** *Me avisaste de que gastara el dinero, pero no te hice caso.*
- **futura:** *Si me dieran la paga mañana, te invitaba a merendar.*

— **Pretérito perfecto** *(haya cantado)*. Expresa aspecto perfecto y una acción: **pasada** o **futura:**

> *Espero que te lo hayas pasado fenomenal.* (pasado)
> *Cuando hayas acabado de comer vente a mi casa.* (futuro)

— **Pretérito pluscuamperfecto** *(hubiera o hubiese cantado)*. Expresa una acción perfecta y pasada, realizada en una unidad de tiempo ya concluida para el hablante:

> *Habría ido a la estación si me hubieras avisado con tiempo.*

— **Futuro y futuro perfecto** *(cantare, hubiere cantado)*. Ambos expresan una acción probable en el presente, pasado o futuro. Hoy están en desuso.

8.4. El imperativo

El imperativo presente *(canta tú)*

En rigor sólo tiene dos formas *(canta tú, cantad vosotros)*.

Ya hemos estudiado que en oraciones negativas se emplea el subjuntivo:

> *No salgas tan tarde. | No lleguéis tarde esta noche.*

245. Averigua si expresan presente, pasado o futuro las formas verbales de subjuntivo en las siguientes oraciones.

Quizá te llame después de cenar. ....

Aunque le hubieras dicho la verdad, no te hubiera creído. ....

Si me pidiera disculpas, le perdonaría. ....

Aunque caigan chuzos, cuenta conmigo. ....

Juan me pidió que te entregara este paquete. ....

Me pediste que te esperara y yo te esperé. ....

A pesar de que le hayas ganado, no debes reírte de él. ....

Que lo hiciera o no sin querer, ahora ya no tiene importancia. ....

De haberme invitado, por supuesto que hubiera ido a tu cumpleaños. ....

Con que lleguemos a la final, me conformo. ....

Si no gritaras tanto, nos pondríamos antes de acuerdo. ....

246. Formula oraciones con las siguientes formas verbales y di si expresan una acción presente, pasada o futura.

envíen ....

hayáis estudiado ....

caminasen ....

hubiéramos asistido ....

hayas duchado ....

hubieseis prevenido ....

cantaran ....

247. Demuestra lo que sabes. Señala si las siguientes afirmaciones son verdaderas (V) o falsas (F).

a) Los futuros de subjuntivo se usan en la actualidad muy poco. ☐

b) Con el presente de subjuntivo podemos referirnos a una acción pasada, presente y futura. ☐

c) El pretérito anterior de subjuntivo equivale al pretérito pluscuamperfecto. ☐

d) Todas las formas del subjuntivo expresan modo, es decir, indican una postura subjetiva del hablante ante la acción. ☐

Ejercicios de autoevaluación

248. Completa las siguientes frases.

El verbo posee formas .... que proporcionan información sobre la persona del coloquio que realiza o recibe la acción y formas .... que .... de ella.

Las formas .... tienen la .... de poder emplearse como .... el infinitivo, como adjetivo y verbo el .... y como .... el gerundio.

Cuando funcionan como .... , y no forman parte de una perífrasis, pueden conmutarse por una construcción ...., puesto que constituyen una proposición.

249. Señala los valores de los verbos en negrita de las siguientes oraciones.

Vosotros **esperáis** en la puerta. ....

Esta semana **he salido** menos que la pasada. ....

Aquí traigo a mi hermano. Venía a ver si lo **admitíais** en el equipo. ....

Por favor, no **aparquen** en doble fila. ....

¿**Querrá** usted echarme esta carta al buzón? ....

Para participar en el sorteo, **rellena** este cupón. ....

¿No **habrá visto** usted un caniche blanco? ....

Me pillas en casa de milagro. Ya me **iba.** ....

Juguemos un rato al parchís hasta que empiece la película en la televisión. ....

No **pongas** la radio, que me molesta. ....

El jueves se **juega** la final de baloncesto. ....

Lo **habrás roto** sin querer, pero yo me he quedado sin lápiz. ....

En mayo de 1968, Luisa **tendría** veinte años. ....

El próximo año **voy** a la mili. ....

¿**Deseaba** usted algo en particular? ....

La raíz cuadrada de sesenta y cuatro **es** ocho. ....

No **vengas** antes de las diez de la mañana. ....

Si **estudiaras** más, te **evitabas** muchos problemas. ....

Anoche **llaman** a la puerta, **salgo** a abrir y no había allí nadie. ....

¡A **callar,** todo el mundo! ....

250. Lee atentamente el texto siguiente y explica el valor de las formas verbales en negrita.

Fernando: *¿Qué tengo yo que ver con los demás? Nadie hace nada por nadie. Y vosotros os* **metéis** *en el sindicato porque no tenéis arranque para subir solos. Pero ése no es camino para mí. Yo sé que puedo subir solo y* **subiré.**

Urbano: *¿Se* **puede** *uno reír?*

Fernando: *Haz lo que te* **dé** *la gana.*

Urbano: *Escucha, papanatas. Para subir solo, como dices,* **tendrías que trabajar** *todos los días diez horas en la papelería; no podrías faltar nunca, como* **has hecho** *hoy...*

Fernando: *¿Cómo lo* **sabes?**

Urbano: *¡Porque lo dice tu cara, simple! Y* **déjame** *continuar. No* **podrás** *tumbarte a hacer versitos ni a pensar en las musarañas;* **buscarías** *trabajos particulares para redondear el presupuesto y te* **acostarías** *a las tres de la mañana contento de ahorrar sueño y dinero. Porque tendrías que ahorrar como una urraca; quitándolo de la comida, del vestido, del tabaco... Y cuando* **llevases** *un montón de años haciendo eso, y ensayando negocios y buscando caminos, acabarías por verte solicitando cualquier miserable empleo para no morirte de hambre... No* **tienes** *tú madera para esa vida.*

ANTONIO BUERO VALLEJO: *Historia de una escalera.* Ed. Espasa-Calpe

....
....
....
....
....
....
....

- Escribe las formas no personales empleadas y explica si funcionan sólo como verbo, o como verbo y nombre, adjetivo o adverbio a la vez.

....
....
....
....
....
....
....

Ejercicios de recapitulación y autoevaluación

251. Elige la respuesta correcta.

1. Los morfemas del vérbo que también poseen otras partes de la oración son:
   a) persona, número y tiempo
   b) persona y número
   c) persona, aspecto y modo
   d) persona, número, tiempo y modo

2. *Esta habitación tiene que recogerla Jorge.* En esta oración el núcleo del predicado es:
   a) *tiene*
   b) *tiene que recogerla Jorge*
   c) *esta habitación tiene que recogerla*
   d) *tiene que recoger*

3. *Quiero verte aquí a las tres.* El sujeto del infinitivo *ver* es:
   a) *aquí a las tres*
   b) *te*
   c) el pronombre *yo*
   d) no tiene sujeto

4. ¿En cuál de las siguientes oraciones no aparece el complemento directo?
   a) *Esta corbata me ha costado dos mil pesetas.*
   b) *Te han visto en el parque en horas de clase.*
   c) *Luis ha roto un cristal en el colegio.*
   d) *En mi casa comemos paella todos los domingos.*

5. *He visto a Claudia muy preocupada durante el recreo.* En esta oración el participio *preocupada* es:
   a) un complemento del nombre *Claudia*
   b) un atributo
   c) un complemento predicativo
   d) un suplemento

6. *Se avergonzó **de todos nosotros**.* La expresión en negrita es:
   a) complemento directo
   b) complemento circunstancial de compañía
   c) complemento predicativo
   d) suplemento

7. El adverbio puede modificar:
   a) al nombre y al adjetivo
   b) al adjetivo y al verbo
   c) al adjetivo, al verbo, al adverbio e incluso a una oración entera
   d) siempre es complemento circunstancial del verbo

252. Señala la función que realizan los pronombres personales en las siguientes oraciones.

Este cuadro ha sido pintado por él solito. ....

Durante el curso no nos vemos demasiado. ....

A mí sólo me corresponde recoger la cocina. ....

Nos vio y no nos saludó, el muy creído. ....

¿Le diste el recado a tu padre? ....

¿Os han avisado por teléfono del accidente? ....

Ha hecho un pastel para él solo. ....

A ustedes les recibirá el director dentro de una hora. ....

¿Les contaste a tus padres que te expulsaron del colegio? ....

¡Se baña sólo una vez al mes! ....

¿Ya os dais la mano como amigos? ....

Se acordaba de nosotros muy a menudo. ....

¡Te la estás jugando! ....

Ven conmigo al cine. ....

¡Vete con él a paseo! ....

Dale a Ana esta carpeta. ....

Pégame, a ver si te atreves. ....

Pégale esta pegatina en la cazadora. ....

Os quiero mucho a todos. ....

¿Os han dado las notas? ....

Con vosotros no se puede contar nunca. ....

¿Hablabais de mí?

253. Une con flechas la oración con el valor que tiene el *se*.

Se vive muy bien aquí.

Se arrepintió de haberte molestado.

Se desespera por nada.

Se admiten huéspedes.   reflexivo

Se rasca la nariz en público.   recíproco

Se despertó a medianoche.   impersonal

Se dirige a Murcia.   pasiva refleja

Se venden coches usados.   voz media

Se besan al saludarse.   personal sin ningún otro valor

Se puso la camisa.

Se queja sin ningún motivo.

254. Subraya el sujeto con dos rayas y el predicado con una en las siguientes oraciones. A continuación señala la función que realizan las palabras o expresiones en negrita.

*Hasta la diez estábamos todos **tan tranquilos** (...).*

*Luisa bailó **alegremente** (...) **toda la tarde** (...).*

*Hemos recogido el laboratorio **entre Berta y yo** (...).*

***El domingo** (...) nos espera Ana en su casa (...).*

*Dentro de ocho días llegará Antonio **de Londres** (...).*

*¿Encontró Luis **el anillo** (...) **en el lavabo** (...)?*

*Encontré **a Luis (...)** cansado (...) de tanto estudiar (...).*

*Yo no soy **de Santander** (...).*

*Ven **conmigo** (...) **al teatro** (...).*

*Mi padre ha comprado **ya** (...) una cazadora **para mi hermano** (...).*

***Allí** (...) hablamos **de todo** (...) un poco.*

*Esta comarca se denomina **«Tierra del pan»** (...).*

*La raíz cuadrada de cien es **diez** (...).*

***A estas horas** (...) Jorge no estará **en casa** (...).*

*Esta chica parece **medio tonta** (...).*

*Espérame **a la salida de clase** (...).*

*Berta no tiene confianza **en sí misma** (...).*

*¿Está **satisfecho** (...) **tu padre** (...) con las notas **de Luis** (...)?*

*La construcción del auditorio se aplazará **por dos meses** (...).*

*La limpieza del parque se hará **por los vecinos** (...).*

*Se encontraron **por casualidad** (...) en el supermercado.*

*La asamblea es **en la biblioteca** (...).*

*Berta está todavía **en cama** (...) **por la gripe** (...).*

*Esta niña es **de Huelva** (...).*

*Ana está **enferma** (...).*

*Esta raqueta no vale **tres mil pesetas** (...), como dices.*

*El ganador saludó **a todos** (...) **sonriente** (...).*

*Jorge, **triunfador** (...), sonrió **a todos** (...).*

*Ahora se ven **muchos coches extranjeros** (...).*

*En esta finca hay **restos arqueológicos** (...).*

*En esta finca había antes **un pozo** (...).*

*En este pueblo se han visto **ovnis** (...) **muchas veces** (...).*

*¡Este coche es **de Rusia** (...)!*

255. Sigue la pista. Lee atentamente el texto siguiente. A continuación contesta.

PERDIENDO EL TIEMPO

La plaza, hay que reconocerlo, es informe; la fuente, hay que reconocerlo, es absurda. Pero la noche, el aire, los árboles, son benévolos e inclinan tu ánimo a la benevolencia. Así que, sentado, pasas el tiempo, aunque el que queda es poco. Una dejadez, contagio del calor, de la oscuridad, de los cuerpos que rondan en torno, te invade sin resistencia de tu parte.

Cerca hay dos chamacos; uno sentado, como tú, pero leyendo o haciendo que lee un periódico; otro tendido, su cabeza descansando entre los muslos de su camarada. El lector, cuya camisa desabrochada cuelga a la espalda, deja el periódico para estirarse, acariciando su torso desnudo. El dormido sigue durmiendo o pretende seguir durmiendo.

El soplo nocturno del trópico descansa sobre la piel, oreándola. Te sientes flotar, ligero, inconsciente. Sólo los sentidos velan, y con ellos el cuerpo; pero éste vela sin insistencia, no con el entrometimiento acostumbrado, queriendo y exigiendo. Y aunque tú, que le conoces de antiguo, sospeches irónicamente de su templanza, él pretende que con un beso se daría por contento esta noche.

LUIS CERNUDA: *Ocnos*. Ed Taurus.

1. Escribe cuatro **atributos** empleados en el texto.
   ....

2. Señala un sujeto múltiple.
   ....

3. ¿Qué función realizan las palabras *ligero, inconsciente?*
   ....
   ¿Y el infinitivo *flotar?* ....

4. Identifica un **suplemento** en el texto. ....

5. ¿Qué función realiza el **complemento preposicional** *sin resistencia de tu parte?*
   ....
   ¿Y *de tu parte?* ....

6. ¿Qué función realiza el pronombre **le?** ....

7. Identifica un grupo nominal en función de **complemento indirecto.**
   ....

8. Señala cuatro perífrasis y explica su valor.
   ....
   ....

256. **Ejercita tu ingenio. Observa detenidamente las siguientes frases publicitarias y contesta.**

a) *El coche más pequeño es también el mayor.*
   - Subraya el predicado y di si es nominal o verbal. ....
   - ¿El adverbio *también* modifica a un adjetivo, a un pronombre o a toda la oración?
   ....

b) *Aquí se venden chalés amueblados.*
   - Subraya el predicado.
   - ¿Esta oración es impersonal o de pasiva refleja? Justifica la respuesta.

   ....
   - ¿Qué función realiza la palabra *amueblados*? ....

c) *CABELFORT, éxito científico contra la caída del cabello.*
   - Subraya el sujeto con una raya y el predicado con dos.
   - El verbo está omitido. ¿Cuál es? ....
   - ¿Qué función realiza *contra la caída del cabello*?
   ....

d) *¿Qué tipo de mujer eres?*
   - ¿Cuál es el sujeto de esta oración? ....
   - ¿Y el atributo? ....
   - ¿Qué clase de palabras es *qué*? ....

e) *Nadie ha hecho todavía un placer del conducir, sólo...*
   - Subraya el sujeto con una raya y el predicado con dos.
   - ¿Qué función realizan los infinitivos?

   ....
   - ¿Con qué clase de palabras podríamos completar esta frase? Justifica la respuesta

   ....
   ....

f) *¿Se imagina nacer con cuatro ojos?*
   - ¿Qué función realiza *con cuatro ojos*? ....
   - Forman una perífrasis los verbos? Justifica la respuesta.

   ....
   ....
   - El pronombre **se**, ¿es reflexivo o forma parte de un verbo pronominal?

   ....

IV
LA ORACIÓN COMPLEJA

9. La oración compleja

9.1. Oración simple y oración compleja

Recordemos que la oración tiene significado completo; es decir, establece un acto de comunicación entre el hablante y el oyente.

Hasta ahora hemos estudiado estructuras oracionales que poseen un solo sujeto y un solo predicado: son **oraciones simples.**

— S — — P —

Este joven entrena a diario.

Pero en la comunicación utilizamos, normalmente, oraciones más complejas que poseen dos o más sujetos y dos o más predicados: son las oraciones **compuestas** o **complejas.**

Este joven entrena a diario porque su padre le obliga.

La oración compleja se estructura en **proposiciones:**

1.ª proposición	2.ª proposición
— S — — P —	— S — — P —
Este joven entrena a diario [porque]	*su padre le obliga.*

Observemos que la **proposición** está estructurada de igual forma que la oración simple, pero va unida a otras para conseguir un significado unitario.

* *Este joven entrena a diario;*

* *porque su padre le obliga.*

> Una *proposición* es un conjunto de palabras que posee estructura oracional, es decir, sujeto y predicado, pero va unida a otras formando la oración compleja que posee un significado unitario.

Por ello, no debemos decir que la oración compleja está constituida por dos o más oraciones simples, sino por dos o más **proposiciones.** En general, podemos afirmar que una oración compleja tiene tantas proposiciones como verbos, a no ser que alguno de ellos en forma no personal constituya una perífrasis, en cuyo caso la perífrasis (ver **6.14**) se consideraría como un solo núcleo verbal.

257. Lee atentamente el texto siguiente y contesta.

EL HOMBRE

Mide la sal nuestro gusto,
mide el temblor nuestra oreja,
mide el calor nuestra mano,
miden mis ojos tu ausencia.

Eso es ser hombre: medir.
¿Para quién toda esta cuenta
de distancias? ¿Para quién
esta división de fechas?

Manuel Altolaguirre: *Poesías completas.* Ed. Cátedra.

1. ¿Cuántas oraciones simples tiene este poema? ¿Y complejas? (Consulta el apartado **1.1**)
   ....

   ¿Qué criterio has seguido para aislar las oraciones?
   ....

   ¿Y para distinguir las simples de las complejas?
   ....

2. ¿Cuántas proposiciones tiene la primera oración? ....
   Señala el sujeto y el predicado de cada una de ellas.

sujeto	predicado
....	....
....	....
....	....
....	....

3. Las dos últimas oraciones no tienen expreso el verbo. ¿Podrías averiguar cuál es? ....
   ....

4. En un verso hay dos verbos en forma no personal. ¿Cuáles son estas formas? ....
   ....

   ¿Van formando una perífrasis? ....

   ¿Ese verso está formado por una oración simple o compleja? Justifica la respuesta.
   ....
   ....
   ....

147

9.2. Recapitulación sobre la oración simple

La oración se clasifica de diversas formas:

— Atendiendo a la **actitud del hablante,** pueden ser:

- **enunciativas**
- **interrogativas**
- **exclamativas**
- **exhortativas o imperativas**
- **dubitativas**
- **desiderativas**

— Atendiendo a su **estructura:**

- **unimembres:** *Nieva en la montaña.*
- **bimembres:** *Luisa dice siempre la verdad.*
- **simples:** *Sírveme un café cortado.*
- **compuestas o complejas:** *Sírveme un café que esté calentito.*

— Atendiendo a la **clase de predicado:**

- **atributivas o de predicado nominal:** *Luisa es de Cáceres.*
- **predicativas o de predicado verbal:** *Luisa nació en Cáceres.*

   A su vez, las de **predicado verbal,** pueden ser:
- **activas:** *Mi abuelo adquirió esta finca hace veinte años.*
- **pasivas:** *Esta finca fue adquirida por mi abuelo hace veinte años.*
- **transitivas:** *Mi abuelo comía ensalada de berros.*
- **intransitivas:** *Mi abuelo vivió cien años.*
- **reflexivas:** *Mi abuelo se afeitaba a diario.*
- **recíprocas:** *Mi abuelo y mi madre se querían mucho.*
- **de verbo pronominal:** *Mi abuelo nunca se arrepintió de nada.*
- **impersonales:** *Nunca se vio irritado a mi abuelo.*

La clasificación de las oraciones simples hemos de tenerla en cuenta a la hora de analizar la oración compleja, pués cada proposición habrá que analizarla al igual que una oración simple. Así en la oración:

Dime cuándo vas a llegar consta de dos proposiciones: *dime* (1.ª prop.) *cuándo vas a llegar* (2.ª prop.).

Dime es exhortativa, bimembre y predicativa transitiva; y *cuándo vas a venir* es interrogativa, bimembre y predicativa intransitiva.

258. Observa cómo hemos de proceder para analizar una oración compleja.

Partamos de la oración *Mi hermano conoce el resultado, pero no lo dice a nadie.*

1. Subrayaremos todos los verbos, teniendo en cuenta que si algunos forman perífrasis constituyen un único núcleo del predicado (ver **6.14**).

> Mi hermano <u>conoce</u> el resultado, pero no lo <u>dice</u> a nadie.

Con ello averiguamos si es una oración simple (un solo verbo) o compuesta (si posee dos o más verbos).

2. Señalamos el nexo (cuando lo tenga), pues nos permitirá aislar las proposiciones y, junto al significado de la proposición, determinar de qué clase se trata. Lo pondremos entre corchetes.

> Mi hermano <u>conoce</u> el resultado, [pero] no lo <u>dice</u> a nadie.

En este caso es **pero,** que une proposiciones coordinadas adversativas.

3. A continuación, analizamos cada proposición como si se tratara de una oración simple. Averiguaremos el sujeto y su estructura y el predicado y su estructura. Posteriormente señalamos cómo es esta proposición atendiendo a la expresividad del hablante, a su estructura y a la naturaleza del predicado.

Así, en la 1.ª proposición *Mi hermano conoce el resultado* diremos:

Sujeto: *Mi hermano;* det. posesivo: *Mi;* núcleo nominal: *hermano.*
Predicado verbal: *conoce el resultado;* núcleo: *conoce;* C. directo del grupo nominal: *el resultado,* que consta de un det. artículo: *el;* y de un núcleo nominal: *resultado.*

Esta proposición es **enunciativa afirmativa, bimembre, predicativa** y **transitiva.**

● Haz tú lo mismo con la proposición *no lo dice a nadie.*

....
....
....
....
....
....
....
....
....
....
....

9.3. Coordinación y subordinación

Las proposiciones que forman la oración compuesta deben estar relacionadas para constituir el significado de la oración. Esta relación puede ser de dos tipos:

- **Coordinación.** Cuando las proposiciones podrían ir independientes como oraciones simples:

  Juan estudia y Luisa trabaja.   *Juan estudia. Luisa trabaja.*
  ¿Vienes o vas?   *¿Vienes? ¿Vas?*

- **Subordinación.** Si las proposiciones no pueden emplearse por separado, pues carecerían de sentido, al menos, una de ellas:

  Gritas tanto que no te entiendo.   * *Gritas tanto;*
                                            * *que no te entiendo*

Las relaciones de coordinación y de subordinación tienen lugar también entre los elementos de una oración simple o proposición. Observémoslo en la siguiente oración:

$$\underline{\qquad S \qquad} \quad \underline{\qquad P \qquad}$$

Jorge, Berta y Nieves tienen sendas cazadora de cuero.

Los elementos del sujeto *Jorge, Berta y Nieves* están coordinados, en este caso hablamos de sujeto múltiple; y en el CD, *una cazadora de cuero,* el complemento preposicional *de cuero* complementa por subordinación a un GN, *una cazadora.*

9.4. La yuxtaposición

Las relaciones de coordinación y subordinación se establecen normalmente mediante nexos: preposiciones, conjunciones, pronombres relativos, etc. Pero, a veces, las proposiciones se unen sin nexos; entonces decimos que van **yuxtapuestas** y es la entonación la que proporciona la unidad oracional:

Ponte el jersey; tendrás menos frío.   = *Ponte el jersey y tendrás menos frío.*
                                           Son coordinadas yuxtapuestas.

Enciende la luz; no veo nada.   = *Enciende la luz porque no veo nada.*
                                           Son yuxtapuestas y establecen una relación
                                           de **subordinación.**

259. Construye oraciones con las proposiciones siguientes. Distingue si establecen una relación de coordinación o de subordinación.

Cuando empezó a llover .... subordinación

.... *o lo pareces.* ....

Tanto va el cántaro a la fuente ....

.... *si quieres.* ....

.... *que estaría en casa a las tres.* ....

Aunque lo sabía ....

.... *es decir, no me ayudas.* ....

260. En las oraciones siguientes las proposiciones van yuxtapuestas. Distingue la relación que existe entre ellas.

Apaga la radio, voy a dormir. ....

He perdido dinero; me van a regañar. ....

Llegó, se sentó, no abrió la boca. ....

Levantaos; son las ocho y media. ....

Este hombre respira; no está muerto. ....

Fuimos a la verbena, vimos el panorama y nos fuimos. ....

261. En las siguientes oraciones simples hay elementos coordinados. Subráyalos y distingue la función que realizan.

Ej.:

Este chico parece <u>espabilado y trabajador</u>.   atributo

Claudia y Ramón son novios. ....

Luisa está contenta y feliz. ....

¿Bebes cerveza o agua? ....

Hoy no habéis comprado ni el pan ni el periódico. ....

He traído una tarta para Ana y Juan. ....

262. Demuestra lo que sabes. Averigua si las proposiciones de las oraciones siguientes son coordinadas o subordinadas.

¿Esa muela te duele mucho o exageras? ....

Fuimos a la piscina, peró no nos bañamos. ....

Me dio cien pesetas para que comprara el cuaderno. ....

No come; devora. ....

Cuando se enfada no lo aguanto. ....

Te lo cuento como lo escuché. ....

Te he regalado una pluma porque no tenías ninguna. ....

9.5. Elementos de relación: preposiciones y conjunciones

Las relaciones de coordinación y de subordinación, tanto entre los elementos oracionales como entre proposiciones, se realizan normalmente mediante los nexos o elementos de relación: preposiciones, conjunciones y pronombres relativos.

● **La preposición.** Siempre subordina elementos de una oración que presenta la siguiente estructura:

La palabra **complementada** recibe el nombre de elemento **nuclear.** Puede ser un:

↓

La palabra **complemento** recibe el nombre de **término** y puede ser un:

↓

nombre	*casa de huéspedes*	**nombre**
adjetivo	*simpático con los clientes*	**nombre**
adjetivo	*fácil de creer*	**verbo**
verbo	*vivir de ilusiones*	**nombre**
verbo	*dárselas de listo*	**adjetivo**
verbo	*pensar en ello*	**pronombre**
verbo	*ve desde siempre*	**adverbio**
adverbio	*estupendamente de salud*	**nombre**

● **La conjunción.** Unas veces coordina y otras subordina.

— **Coordinan** elementos equivalentes en la oración:

Sírvame una ensaladilla y un filete con patatas. (grupos nominales)
Gasta todo el dinero, pero no me pidas más. (proposiciones)

— **Subordinan** proposiciones:

Cuando me ofreciste el dinero ya no lo necesitaba.

No obstante, los límites entre la preposición y la conjunción no aparecen claros cuando el verbo de la proposición subordinada está en forma no personal:

De habérmelo advertido me hubiera callado. (= Si me lo hubieras ...)
Con negarlo, no vas a conseguir nada. (= Porque lo niegues ...)

A continuación, pasamos a estudiar las preposiciones. Las conjunciones y pronombres relativos los estudiaremos al tratar la oración compuesta.

263. Formula oraciones en las que emplees grupos nominales con la siguiente estructura.

Ej.:

V + Prep + Pron   *Olvídate de ella.*

Adj + Prep + N   ....
V + Prep + Adj   ....
V + Prep + N   ....
Adj + Prep + V   ....

264. Señala cuál es elemento nuclear y el término de las expresiones en negrita.

Ej.:

*No es conveniente pasar **de todo.***   V + Prep + Pron

*Padece **de fuertes dolores** de cabeza.*   ....

*Piensas bien **de todo el mundo.***   ....

*Vuelve **a casa** a las tres.*   ....

*Está deseoso **de regresar.***   ....

*Ésa es la habitación **de mi hermana.***   ....

265. Transforma la expresión en negrita por una proposición en forma personal introducida por una conjunción.

Ej.:

Por haberme ayudado, *te doy estas entradas.*
Porque me has ayudado, te doy estas entradas.

De haber nacido en Sevilla, *no hubiera tenido que emigrar.*
....

Con estudiar tres horas diarias, *apruebas todo.*
....

Al sonar las doce, *todos dejaron el trabajo.*
....

Para ser arquitecto *hay que ser un buen dibujante.*
....

Tras acabar la reunión, *todos quedaron satisfechos.*
....

266. Demuestra lo que sabes. Señala si las siguientes afirmaciones son verdaderas (V) o falsas (F).

a) Las preposiciones y las conjunciones son partes invariables de la oración que realizan la función de nexo.   ☐

b) La preposición introduce siempre un elemento subordinado que realiza diversas funciones en la oración.   ☐

c) La preposición puede introducir también una proposición coordinada.   ☐

9.6. Las preposiciones españolas

Hay preposiciones simples, agrupadas y locuciones prepositivas.

- **Preposiciones simples.** Son las siguientes:

  a, ante, bajo, con, contra, de, desde, en, entre, hacia, hasta, para, por, según, sin, sobre, tras.

  Están anticuadas: **cabe** (= debajo de) y **so** (= bajo de); y se usa muy poco **pro** (= en favor de).

- **Preposiciones agrupadas.** Las preposiciones pueden agruparse sumando sus significados gramaticales:

  de a cien pesetas el kilo / *de entre* las piedras / *de por* vida.
  desde por la mañana.
  hasta con los dientes / *hasta de* quince años / *hasta en* la sopa.
  para desde allí / *para de* repente.
  por bajo la chimenea / *por de* más / *por entre* la gente.

  Se considera incorrecta la agrupación **a por.** No debe decirse *Vete **a por** agua, sino Vete *por agua.*

- **Locuciones prepositivas.** Son agrupaciones de dos o más palabras que funcionan como una preposición. Son numerosas:

  debajo de, encima de, antes de, después de, en lugar de, en vez de, en favor de, enfrente de, a fuerza de, junto a, etc.

  Está *dentro del* armario. / Estuvo *a favor de* los pobres.

9.7. Significado de las preposiciones

Las preposiciones no tienen significado léxico, sino gramatical. Son morfemas independientes que expresan diversos tipos de relaciones:

máquina de coser (uso)
come de pie (modo)
mesa de cristal (materia)
vino con nosotros (compañía)
carne para el cocido (finalidad)
está sobre la mesa (lugar)

voy a Zamora (dirección)
me invitó a comer (finalidad)
le molieron a palos (instrumento)
vivo en el campo (lugar)
lo vendí por mil pesetas (precio)
etc.

154

267. Formula oraciones con las siguientes locuciones prepositivas.

en favor de ....
enfrente de ....
a fuerza de ....
junto a ....

268. Señala la relación que indican las preposiciones en las siguientes expresiones.

llega a la noche ....
lo llevaron ante el juez ....
vive del cuento ....
discuten de fútbol ....
lo rompí con el martillo ....
no lo he visto en el recreo ....
está en la estación ....
lo he dicho en broma ....
estamos entre dos luces ....
viene hacia aquí ....
salimos para Barcelona ....
esto es para Juan ....
cerrado por vacaciones ....
casarse por poderes ....
llamó por teléfono ....
se quedó sin comer ....
obró según se lo indicaron ....

269. Demuestra lo que sabes. Completa el texto siguiente con las preposiciones apropiadas. Escribe correctamente la contracción de la preposición y el artículo.

Y ... medio ... la alcoba había una mesa ... un mantel quemado ... la plancha, donde el marido ... la señora ... el pelo blanco (que era el único ... la casa que trabajaba y que apenas vi todo el tiempo que estuve allí) leía ... las noches: aquella mesa era la mesa ... planchar. La pared ... el lavabo y la pared ... la ventana estaban cubiertas ... borra ... la humedad, porque, como era un sótano, cuando llovía se filtraba el agua y bajaba ... la pared abajo. Al lado ... esta habitación, al fondo ... el pasillo donde estaba el armario ... las carcomas, la señora abrió una puertecita: el baño. ... la bañera la llamaban la bañera de Nerón. Era cuadrada y hecha ... azulejos ... Valencia muy viejos, ... las puntas mal unidas, y ... muchos azulejos agrietados. La señora me dijo que sólo se bañaba ... pleno verano y ... ducha, porque ... llenar aquella bañera habrían tenido que vaciar el mar.

MERCÉ RODOREDA: *La plaza del Diamante.* Ed. Edhasa.

Ejercicios de autoevaluación

270. **Elige la respuesta correcta.**

1. *El eco del pito del barco*
   debiera de tener humo.
   Este poema breve de Manuel Altolaguirre está constituido por:
   a) una oración simple
   b) una oración compleja
   c) por ambas cosas a la vez porque el núcleo verbal es una perífrasis

2. *La semana pasada llegó Beatriz de Zaragoza, comió en casa de mis abuelos, a pesar de ello no la vi.* Esta oración está formada por:
   a) dos proposiciones yuxtapuestas coordinadas y una subordinada
   b) tres proposiciones coordinadas
   c) dos proposiciones yuxtapuestas subordinadas y una subordinada

3. *Pregunta que **dónde has puesto las tijeras.*** La proposición negrita es:
   a) exclamativa, bimembre, predicativa, transitiva
   b) interrogativa bimembre, predicativa, transitiva
   c) interrogativa, unimembre, predicativa, transitiva
   d) interrogativa, bimembre, predicativa, intransitiva

4. *Traje el dinero **para la excursión,** pero no me lo cogieron.* El complemento preposicional en negrita realiza la función de:
   a) suplemento
   b) complemento circunstancial de precio
   c) complemento indirecto

271. **Relaciona con flechas. Identifica el valor de las preposiciones en los siguientes complementos.**

*lo hice **para fastidiar***	modo
*viene **con su hermana***	instrumento
*lo vendió **por treinta pesetas***	compañía
*llegará **en primavera***	tiempo
*está fabricado **con cemento***	lugar
*duerme **sin almohada***	finalidad
*trabaja **en Zaragoza***	cantidad
*llora **de rabia***	causa
*corta la cuerda **con la navaja***	materia

272. Sigue la pista. Lee atentamente el texto siguiente y contesta.

EL SAPO

Ahora parece que nos utilizan las brujas en sus hechizos. Nos azotan con frecuencia, nos ponen unos capotillos molestos y nos hacen tragar una hostia consagrada para hacer supuestos venenos de sangre. Los hombres, esos animales sanguinarios, cuando nos cogen nos atraviesan con una rama y nos dan una agonía lenta.

Somos tranquilos y dulces, nuestro placer es tocar la flauta en el crepúsculo; no nos sentimos diabólicos ni venenosos: quisiéramos que se nos tuviera afecto, y nos pesa la soledad cuando en el agujero en que moramos oímos el latido de nuestro corazón.

PÍO BAROJA: *La leyenda de Jaun de Alzate.* Ed. Caro Raggio.

1. En este texto hay diecinueve proposiciones. Sepáralas con una raya vertical.

2. Localiza nueve preposiciones, escríbelas con su término y señala su significado.

....
....
....
....
....
....
....
....
....

3. Señala la función que realizan en el texto los siguientes grupos nominales:

las brujas ....
unos capotillos molestos ....
esos animales sanguinarios ....
una agonía lenta ....
nuestro placer ....
la soledad ....

4. Hay una proposición impersonal. ¿Cuál es?

....

10. Oraciones complejas por coordinación Proposiciones coordinadas

10.1. Qué son las proposiciones coordinadas

Observemos la siguiente oración:

Ayer estudié ocho horas, vi el partido y me acosté pronto.

Esta oración es compleja y está formada por tres proposiciones coordinadas: dos yuxtapuestas y la tercera unida a ellas por la conjunción copulativa **y.**

Son coordinadas porque cada proposición tiene sentido completo e independencia sintáctica, por lo que podrían emplearse igualmente como oraciones simples:

Ayer estudié cinco horas. | Vi el partido. | Me acosté pronto.

Se distinguen varias clases atendiendo a la diferente relación que se establece entre ellas.

10.2. Coordinadas copulativas

Una proposición sucede a la otra sumando su significado. Se unen mediante los nexos **y, e** si son afirmativas y **ni** cuando son negativas:

*A Berta le gusta el tenis **y** juega a menudo.*
*Berta no juega al tenis **ni** ve ningún partido.*

La conjunción **e** sustituye a **y** cuando la siguiente palabra empieza por **i-** o **hi-:**

*Fue a casa **e** hizo las maletas.*

10.3. Coordinadas disyuntivas

Son disyuntivas cuando una proposición excluye a la otra. Emplean los nexos **o, u, o bien:**

*¿Vienes al cine con nosotros **o** te quedas solo?*
*Este verano pienso ir a Londres **o bien** (pienso ir) a Roma.*

La conjunción **u** se emplea en lugar de **o** si la siguiente palabra empieza por **o-, ho-:**

*¿Has recogido todo **u** olvidas algo?*

A veces, la conjunción **o** no tiene valor disyuntivo, sino explicativo y equivale a **esto es, es decir:**

*La apicultura **o** arte de cuidar abejas es una profesión muy interesante.*

273. Transforma en negativas las siguientes oraciones.

Acepté el trabajo y lo hice en casa. ....

Canta y baila bien. ....

Habla poco y habla a destiempo. ....

Quiero y puedo hacerlo. ....

Piensa la situación y decides. ....

Se casaron y vivieron felices. ....

274. Escribe las conjunciones correspondientes e indica la relación que establecen entre las proposiciones.

¿Quieres las tijeras ... prefieres los alicates? ....

... comes ... dejas comer. ....

Llegaron a las ocho ... a las ocho y media se habían ido. ....

... Ana ha recogido la mesa ... Luis ha fregado. ....

Siéntate ... estáte quieto de una vez. ....

Me dices toda la verdad ... se lo digo a tu padre. ....

¿Dices toda la verdad ... ocultas algo? ....

No vino ... dijo el porqué. ....

¿Tu padre está en casa ... hospitalizado aún? ....

Estuve allí ... hice cuanto me mandaron. ....

275. Explica si la conjunción *o* tiene valor disyuntivo o explicativo en las siguientes oraciones.

Esta habitación es grande; podemos jugar o ver la televisión. ....

Alcánzame un cuchillo o un tenedor. ....

Muchos ancianos disfrutan en la vejez o tercera edad. ....

La tercera sinfonía o Heroica de Bethoven me gusta mucho. ....

276. Demuestra lo que sabes. Señala si las siguientes afirmaciones son verdaderas (V) o falsas (F).

a) Las proposiciones coordinadas equivalen gramaticalmente a una oración simple. ☐

b) La conjunción **o** no siempre es copulativa, puede ser también explicativa. ☐

c) Las proposiciones coordinadas copulativas siempre han de llevar nexos, no pueden ir yuxtapuestas. ☐

d) Las conjunciones **e, u** siempre sustituyen a **y, o** cuando la palabra siguiente empieza por **i-, hi-** u **o-, ho-**. ☐

10.4.   Coordinadas adversativas

Una proposición corrige o niega lo afirmado en la otra. Emplean como nexos, entre otros, las conjunciones y locuciones conjuntivas (dos o más palabras que equivalen a una conjunción): **pero, mas, aunque, sin embargo, no obstante, sino, sino que, por lo demás, excepto, salvo, menos, con todo,** etc.

Los nexos son muy variados, pero todos ellos pueden conmutarse por **pero** (o **pero sí, pero no**):

Trabaja, *mas* no le cunde.	(= **pero** no le cunde)
No es buena persona, *aunque* lo parece.	(= **pero** lo parece)
He aprobado todo, *excepto* Lengua.	(= **pero no** Lengua)
Es un perezoso, *por lo demás* es un buen chico.	(= **pero sí** un buen chico)

10.5.   Coordinadas distributivas

Presentan diversas posibilidades o alternativas que no se excluyen. Se unen mediante palabras muy diversas que aparecen en forma correlativa en las dos proposiciones:

- **Conjunciones: ya... ya; ora... ora; tan pronto... como; bien... bien.**

  Tan pronto llora *como* ríe.

- **Pronombres y grupos nominales: uno... otro; éste... aquél; unas veces... otras; en primer lugar... en segundo;** etc.

  Unos cantan, *otros* bailan.
  En primer lugar no te he invitado; *en segundo,* no quiero verte.

- **Adverbios: aquí... allí; cerca... lejos;** etc.

  Aquí se charla, *allí* se fuma.
  Lejos no vemos nada, *cerca* molesta la música.

10.6.   Coordinadas explicativas

Una proposición aclara el significado de la anterior. Emplean los nexos: **esto es, es decir:**

> Las ranas son anfibios, *es decir,* viven en la tierra y en el agua.

En el habla coloquial se emplea también **o sea,** pero su uso es poco elegante:

> Das demasidas vueltas al asunto, *o sea,* no lo quieres hacer.

277. Formula oraciones con las conjunciones y locuciones conjuntivas siguientes y explica la relación que establecen.

ya... ya ....

unas veces... otras ....

esto es ....

no obstante ....

o bien ....

278. Escribe las conjunciones o locuciones conjuntivas en las siguientes oraciones y señala la relación que establecen.

Juan es ecologista, ... bebe ..: fuma. ....

Jorge es muy vago, ... aprueba todo. ....

Berta es muy trabajadora ... aprueba todo. ....

En esta época, ... llueve ... luce el sol. ....

No pensé molestarte, ... decirte la verdad. ....

... jugaba ... veía la televisión. ....

Se expresa muy bien, ... tiene muy mala letra. ....

Luisa solamente habla ... habla. ....

Mi madre hacía la comida ... hilaba a la vez. ....

279. Escribe los nexos que podrían sustituir al señalado en negrita en las siguientes oraciones, sin que varíen de significado.

*Claudia vive en La Coruña, **pero** no sé su dirección.*

....

*Estuvimos todos en el concierto, **pero no** (estuvo) Ana.*

....

280. Demuestra lo que sabes. Escribe los nexos coordinantes que faltan en el texto siguiente y señala qué tipo de proposiciones unen.

Salieron, como digo, en tropel; el último quería ser el primero, ... los pequeños chillaban más que los grandes. Entre ellos había uno de menguada estatura, que se apartó de la bandada para emprender solo ... calladito el camino de su casa. ... apenas notado por sus compañeros aquel apartamiento que más bien parecía huida, fueron tras él ... le acosaron con burlas ... cuchufletas, no del mejor gusto. ... le cogía del brazo, ... le refregaba la cara con sus manos inocentes, que eran un dechado completo de cuantas porquerías hay en el mundo; ... él logró desasirse, ... pies para qué os quiero. Entonces dos o tres de los más desvergonzados, le tiraron piedras gritando «Miau»; ... toda la partida repitió con infernal zipizape: «Miau, Miau».

BENITO PÉREZ GALDÓS: *Miau.* Ed. Guadarrama.

Ejercicios de autoevaluación

281. Señala con un redondel la respuesta correcta.

1. *No llegué a salir, antes bien me quedé en casa.* En esta oración las proposiciones son:
   - *a)* adversativas
   - *b)* explicativas
   - *c)* subordinadas

2. *Subieron las maletas entre Juan y Claudia. Entre Juan y Claudia* es:
   - *a)* proposiciones coordinadas
   - *b)* un sujeto múltiple
   - *c)* ambas cosas a la vez

3. *Unos se van, otros se quedan.* Las palabras *unos* y *otros* son:
   - *a)* conjunciones distributivas
   - *b)* pronombres
   - *c)* ni una cosa ni otra porque está omitida la conjunción **y**

4. *Le concedieron el premio Nobel, es decir, reconocieron su labor investigadora.* El nexo **es decir** podría sustituirse:
   - *a)* indistintamente por **esto es** y **o sea**
   - *b)* sí por **esto es,** pero el empleo de **o sea** se considera vulgar
   - *c)* por la conjunción **y** con el mismo valor

282. Completa las siguientes oraciones.

   Las proposiciones .... se unen mediante nexos adversativos; pero todos ellos pueden .... por las conjunciones ....

   Las proposiciones .... tienen significado completo e independencia ....

   Las .... coordinadas pueden emplearse sin .... y entonces van ....

   Cuando los .... coordinantes no unen verbos entonces .... de sujeto múltiple y .... múltiples.

283. Transforma en oraciones simples las siguientes oraciones complejas.

Estuve en el partido, aplaudí sin descanso y perdieron por tres a uno.

....

Fui al cine, mas no conseguí entradas.

....

Ganamos el partido, esto es, pasamos a la final.

....

284. Sigue la pista. Lee atentamente el texto siguiente y contesta.

Yo, señor, soy sastre, que por mala fama que tenga es oficio tan de bien como otro cualquiera. Estando yo ayer en mi tienda llegó este labrador, me entregó dos cuartas de paño y me preguntó: «¿Habrá bastante con este paño para hacer una caperuza?» Yo, tanteando el paño, díjele que sí. Pero como los sastres tenemos esa maldita fama de quedarnos con una parte del paño como maquila, el hombre volvió a preguntar: «Diga, ¿y no habría bastante para hacer dos en lugar de una?» Yo le comprendí la intención, pero como nada se había hablado del tamaño, respondí que también. Entonces el muy zorro volvió a quedarse pensando y tornó a preguntar: «¿Y no podrían salir tres?» «Sí, como poder, también pueden salir tres.» En fin, por no cansar, que él siguió añadiendo caperuzas y yo añadiendo síes, hasta que llegamos a cinco. Con esto ya le pareció bastante y quedamos en que yo le haría cinco caperuzas. Ahora, al entregárselas, pone el grito en el cielo, y no sólo no me quiere pagar la hechura, sino que pretende que yo le devuelva su paño. Eso es todo.

ALEJANDRO CASONA: *Sancho Panza en su ínsula.* Ed. Espasa-Calpe.

1. En la segunda oración hay dos proposiciones yuxtapuestas. Escríbelas.

   ....

   ¿Qué relación existe entre ellas? ....

2. A veces las conjunciones coordinadas no unen proposiciones, sino oraciones matizando o sumado los significados con lo dicho anteriormente. En este texto hay una conjunción **pero** y dos coordinadas **y** con este sentido. ¿Cuáles son?

   ....

3. ¿Qué tipo de proposición une la locución conjuntiva **sino que?**

   ....

4. Escribe las cuatro proposiciones copulativas empleadas en el texto.

   ....

   ....

5. Analiza en su totalidad la oración *Eso es todo.*

   ....

   ....

11. Oraciones complejas por subordinación. Proposiciones sustantivas y adjetivas

11.1. Oraciones complejas por subordinación

Las proposiciones subordinadas realizan dentro de la oración compleja una función sintáctica de la otra proposición que llamamos **principal.**

Esta función puede ser característica de:

- un nombre y se llaman **proposiciones sustantivas**
- un adjetivo, **proposiciones adjetivas**
- un adverbio, **proposiciones adverbiales o circunstanciales.**

11.2. Proposiciones sustantivas

Desempeñan dentro de la oración compleja una función propia del **sustantivo (o grupo nominal).**

- **Sujeto.** Se introducen con la conjunción **que:**

> —P.P.— -P. Sus. de sujeto-
> *Me alegra* ***que tengas éxito.***

Podemos comprobar que realiza la función de sujeto conmutando la proposición por un pronombre o grupo nominal, y confirmando la concordancia de número y persona con el verbo, que sólo mantiene el sujeto.

> *Me alegra **eso.***   *Me alegran **esas cosas.***

- **Atributo** del sujeto. Van unidas a la principal por la conjunción **que** y, a veces, con la conjunción **si** cuando tiene valor disyuntivo o dubitativo:

> *Nuestro deseo es **que estudies Medicina.***
> *Mi única duda es **si dijo o no toda la verdad.***

- **Complemento de un sustantivo.** Se introducen con la conjunción **que** precedida de preposición:

> *Tengo la seguridad **de que no nos engaña.***

- **Complemento de un adjetivo.** Van unidas a la principal con la conjunción **que** precedida de preposición:

> *No estoy seguro **de que mi padre nos lleve en coche.***

285. Sustituye la proposición sustantiva por un nombre o grupo nominal.

Ej.:

*Confío **en que te recuperes pronto**.*   ***en tu pronta recuperación***

Deseo que vuelvas de nuevo algún día.   ....

Espero que nos visites más a menudo.   ....

Agradeceremos que nos ayudes en este asunto   ....

Me gustó que intervinieras a mi favor.   ....

286. Formula oraciones complejas que contengan proposiciones sustantivas en las siguientes funciones.

sujeto   ....

atributo   ....

comp. del nombre   ....

comp. del adjetivo   ....

287. También existen proposiciones complejas donde una proposición subordinada o coordinada consta de dos o más proposiciones, estableciéndose entre ellas una relación de coordinación o de subordinación. Separa con una raya vertical las proposiciones en las siguientes oraciones, subraya la sustantiva compleja y señala la función que realiza respecto de la principal.

Ej.:

Nos encanta que hayáis venido cuando os necesitaba.

Nos encanta | que hayáis venido | cuando os necesitaba.   (sujeto)

No hay necesidad de que te levantes antes de que lleguemos nosotros.

....

Mi duda es si dice toda la verdad u oculta algo.

....

Acudió satisfecho de que contaran con él para formar el nuevo equipo.

....

288. Demuestra lo que sabes. Observa la siguiente oración y contesta.

Mi hermano espera el momento de que finalice la mili para ponerse a trabajar.

• Subraya la sustantiva y explica si es simple o compleja y la función que realiza. ....

....

• ¿Qué funciones realizan los GN siguientes:

  mi hermano ....;   *el momento* ....;   *la mili* ....

- **Complemento de un adverbio.** Se introducen con la conjunción **que** precedida de preposición:

> *Estuvimos muy cerca **de que nos concedieran el primer premio.***

- **Complemento directo del verbo principal:**

> *María dice **que las esperéis cinco minutos.***

La forma de unirse a la principal varía dependiendo de que la sustantiva sea enunciativa o interrogativa, vaya en estilo directo o indirecto, como después veremos. Pero hemos de advertir que nunca el nexo ha de ir precedido de preposición:

> * *María dice **de que la esperéis cinco minutos.***
> * *María piensa **de que no queréis ir con ella.***
> * *A María le prohibieron **de que saliera.***

El empleo de la preposición en estos casos es un vulgarismo llamado **dequeísmo.**

No debe confundirse, no obstante, con el **suplemento,** que sí la lleva.

- **Suplemento del verbo principal.** Va unida a la principal con la conjunción **que,** precedida de preposición:

> *Confío **en que te den el trabajo.***
> *Me alegro **de que te recuperaras tan pronto del accidente.***
> *Se avergonzó **de que lo amonestasen en público.***

No existen subordinadas sustantivas en función de **complemento indirecto.** Sí pueden desempeñar esta función las **subordinadas adjetivas** cuando se **sustantivan** (ver 11.10):

> *Entregué el balón **a quien primero me lo pidió.***

11.3. Proposiciones sustantivas de infinitivo

Recordemos que el infinitivo es una forma verbal que, cuando no forma parte de una perífrasis, funciona como nombre y verbo a la vez. En estos casos, constituye una proposición sustantiva en cualquiera de sus funciones:

- **Sujeto:** *Me gusta **bailar el tango.*** • **Atributo:** *Querer es **poder.***

etc. (ver **8.1**)

289. Subraya la sustantiva en las siguientes oraciones complejas e indica qué función realiza.

Insinuó que lo esperáramos hasta las seis. ....

Que Ana contestara de ese modo fue bochornoso. ....

Anda detrás de que le nombren subsecretario. ....

Es más que probable que te elijan director. ....

Recuérdame con tiempo que te devuelva el dinero. ....

Tengo la sospecha de que algo le ha sucedido. ....

Estamos muy contentos de que te quedes unos días. ....

Jorge está que echa chispas. ....

290. En las siguientes oraciones hay *dequeísmos*. Subráyalos.

Sabías de que no nos gustaban los toros.

Acuérdate de que tienes que ir hoy al dentista.

Se avergonzó de que lo encontráramos allí.

Pienso de que dice la verdad.

Desconfiaba de que se quedara con el dinero.

Espero de que no regreses más tarde de las doce.

Se arrepintió de que invitara a Luisa.

Juan dice de que no lleguéis tarde.

291. Explica qué función realizan los infinitivos.

Estuvimos cerca de conseguir una medalla de oro. ....

Prefiero estudiar por las noches. ....

Este asunto es difícil de resolver. ....

A veces siento la necesidad de estar solo. ....

Fue muy agradable reunirnos todos después de tantos años. ....

Contaba con ir de vacaciones con vosotros. ....

¡Por fin decidió acompañarnos! ....

292. Demuestra lo que sabes. Observa la siguiente oración compleja y contesta.

Vieron que se lo llevaba el río y no hicieron nada.

● Separa las proposiciones con una raya.

● Existe una proposición copulativa. ¿Cuál es? ....

● ¿Es coordinada de la proposición sustantiva o se coordina con la principal y sustantiva a la vez? Justifica la respuesta.

....

....

11.4. Estilo directo y estilo indirecto

Las proposiciones sustantivas en función de complemento directo pueden expresarse en estilo directo o indirecto. Observemos lo que dicen los personajes de la ilustración:

> MI PADRE HA DICHO DE MANERA TERMINANTE: EN ESTA CASA NO HABRÁ MOTOS

> PUES MI MADRE HA DECIDIDO QUE ME COMPRARÁ UNA PARA EL VERANO

Se llama **estilo directo** la forma de expresión que reproduce textualmente las palabras que una persona ha dicho. En este caso, la sustantiva va yuxtapuesta y la pausa se señala en la escritura con dos puntos.

Se llama **estilo indirecto** la forma de expresión en la que un narrador manifiesta lo hablado por otra persona, y ello da lugar a diversos cambios gramaticales que afectan, sobre todo, a las formas verbales (personas gramaticales, tiempos, modos) y al empleo de distintos nexos. Son éstos:

- la conjunción **que** cuando la sustantiva es **enunciativa:**

> *Siempre he pensado **que vivías en Alicante.***

- la conjunción **si** o **que si** cuando la sustantiva tiene valor:

— de **interrogativa indirecta:**

> *¿Vienes solo?*
> —interr. directa—

> *Me preguntan **que si vienes solo.***
> —sus. interr. indirecta—

— **disyuntivo:** *No sé **si vendrá o no (vendrá) a mi cumpleaños.***

— **dubitativo:** *He pensado **si se iría de la fiesta por mi culpa.***

Cuando la interrogativa indirecta comienza por un pronombre interrogativo (**quién, qué, cuál**) o un adverbio interrogativo (**dónde, cómo, cuándo, cuánto**) es posible y, a veces, obligatoria la supresión de la conjunción **que.**

*Pregunta que **quién ha venido.***	*Pregunta **quién ha venido.***
cuál prefieres.	(supresión potestativa)
dónde lo has puesto.	
*Averigua (que) **dónde vive.***	*Averigua **dónde vive.***
cómo le va.	(supresión obligatoria)

293. Subraya la sustantiva en las siguientes oraciones complejas y distingue si se expresan en estilo directo o indirecto.

Nos advirtió que no nos acercáramos a la valla.   ....

Contestó que sí aceptaba demasiado deprisa.   ....

Repite: Una proposición puede ser simple o compleja.   ....

Te recuerdo que tienes que ir al dentista.   ....

Jardiel Poncela dijo: «En la vida sólo unos cuantos sueños se
    cumplen; la mayoría se roncan».   ....

Desde aquella discusión decidí que no volvería jamás a aquella
    casa.   ....

294. Transforma en estilo directo las oraciones anteriores que están expresadas en estilo indirecto.

....

....

....

....

....

295. Ahora transforma en estilo indirecto las formuladas en directo.

....

....

....

....

296. Demuestra lo que sabes. Completa las siguientes oraciones con el nexo que corresponda.

Pregunta .... vais a terminar esta tarde.

Sólo quería saber .... habíais terminado el trabajo.

No sabía .... cuándo iban a llegar.

Investiga .... dónde guarda el dinero.

Dudo mucho .... se haya enterado de algo.

Dice .... qué quieres.

Averigua .... cuándo va a traer el coche nuevo.

Pregúntale .... por qué lo ha roto.

No sé todavía .... se habrá enfadado conmigo o con mi mujer.

He pensado .... no sería preferible hacer el trabajo juntos.

En las oraciones anteriores hay una sustantiva con valor disyuntivo y otra con valor dubitativo. Señálalas.

....

....

11.5. Subordinadas adjetivas o de relativo

Recordemos que el adjetivo significa cualidades de los objetos y realiza la función de complemento del nombre:

Ten en cuenta que llevas el coche **nuevo.**

Esta misma función puede realizarla una proposición que equivale a un adjetivo:

Los perros **que ladran mucho** *son molestísimos.* (*= ladradores*)
Me desagradan las personas **que gritan mucho.** (*= gritonas*)

Estas proposiciones se llaman también de **relativo** porque se introducen mediante pronombres relativos:

que, quien(es)
el-la cual, los-las cuales

Cuyo, -a, -os, -as es relativo, pero tiene también valor de determinante posesivo. Observémoslo:

Ésa es la casa **cuya fachada se desplomó ayer.**

Es relativo porque se refiere a un nombre ya enunciado *Ésa es la casa, la fachada de* ***la cual...;*** es determinante posesivo porque indica pertenencia: *Ésa es la casa,* **su** *fachada...*

El antecedente

El relativo se refiere a un nombre expresado anteriormente llamado antecedente:

Trae mañana los apuntes **que** (*= los apuntes*) **te prestó Ana.**

Algunas veces no hay antecedente expreso porque no se conoce, no interesa o se sobreentiende fácilmente:

Quien bien te quiere *te hará llorar.*
Los que hayan terminado *pueden salir.*

En estos casos, la proposición de relativo realiza una función propia del nombre y está sustantivada, como después veremos.

11.6. Función de los pronombres relativos

Los pronombres relativos, además de servir de nexo introductor a la proposición, realizan una función propia del nombre dentro de la subordinada:

Alcánzame la cazadora **que** (sujeto) **está detrás de la silla.**
Se me ha roto la calculadora **que** (CD) **me prestaste.**
La niña **a quien** (CI) **diste el caramelo** *es la hija de la directora.*
La máquina de escribir **con la que** (CC) **hice el trabajo** *tiene dos teclas rotas.*

297. Subraya la proposición subordinada en las siguientes oraciones complejas y distingue si es sustantiva, adjetiva o adverbial.

Ej.:

Han detenido a los ladrones <u>que robaron la joyería</u>.   adjetiva

Hemos pensado que deberíamos unir nuestros esfuerzos.   ....

Cuando llegue septiembre reanudaré mis estudios.   ....

No he ido a verte porque yo también he estado enfermo.   ....

La bufanda que me regalaste no es de lana.   ....

298. Señala la función sintáctica que realiza el nombre (o grupo nominal) en negrita y sustituye el adjetivo por una proposición.

Ej.:

*Hemos comprado **un piso usado**.*   CD

*Hemos comprado un piso **que es usado**.*

*Confío en **los amigos sinceros**.*   ....

....

*He comprado esta gargantilla para **la simpatiquísima Ana**.*   ....

....

*Lee muchas **novelas policiacas**.*   ....

....

299. En las siguientes oraciones hay proposiciones adjetivas. Subraya el antecedente del relativo e indica la función que realiza éste dentro de la subordinada.

Ej.:

¿Conoces el término culto con que se denomina a los oculistas?   CC

Enséñame la calculadora que te han traído de Canarias.   ....

Dieron el premio que habían prometido.   ....

La chica que encontró la cartera es de mi clase.   ....

Discutían de la persona a quien iban a nombrar nuevo Presidente.   ....

Han desparecido los bancos que colocaron en el parque.   ....

300. Demuestra lo que sabes. Lee atentamente la siguiente oración y contesta.

¿Éste es el político cuyo partido ha prometido que erradicaría el chabolismo de la ciudad?

- Separa las proposiciones con una raya.

- La proposición adjetiva es compleja. Subráyala.

- ¿Qué función realiza la subordinada de la proposición adjetiva?

....

- ¿Cuál es el antecedente de **cuyo**? ....

- ¿A qué palabra precisa con el significado de posesión? ....

11.7. Proposiciones de relativo especificativas y explicativas

Al igual que hay adjetivos que restringen el significado del nombre, los **especificativos,** y otros simplemente se limitan a explicar una cualidad ya conocida, los **explicativos o epítetos,** las subordinadas de **relativo** tiene también dos modos diferentes de significar.

Observemos las siguientes oraciones:

> *Los alumnos **que son estudiosos** aprobaron.*
> *Han retirado los coches **que estaban mal aparcados.***

En estos casos se dice que sólo *han aprobado aquellos alumnos que estudiaron* y que sólo *han retirado aquellos coches que estaban mal aparcados.* Son proposiciones de **relativo especificativas.**

Fijémonos ahora en estas otras oraciones:

> *Los alumnos, **que son estudiosos,** aprobaron.*
> *Han retirado los coches, **que estaban mal aparcados.***

En éstas, las pausas, que señalamos con comas, cambian el significado de la adjetiva y manifiestan que *todos los alumnos aprobaron porque todos eran estudiosos* y que *retiraron todos los coches porque todos estaban mal aparcados.* Son proposiciones de **relativo explicativas** y si las suprimiéramos, el significado de la oración no variaría:

> *Los alumnos aprobaron.* | *Han retirado los coches.*

11.8. Los adverbios relativos

Observemos las siguientes oraciones:

*Ésta es la casa **donde viven mis abuelos.***	*(= en la que)*
*No me agrada el modo **como tratas a tus amigos.***	*(= con el que)*
*¿Recuerdas los años **cuando íbamos al colegio?***	*(= en los que)*
*Te doy todo el dinero **cuanto he podido reunir.***	*(= lo que)*

Los adverbios **donde, como, cuando** y **cuanto** pueden reproducir un nombre o pronombre (antecedente) y, por ello, se llaman adverbios relativos; la proposición que introducen es también **subordinada adjetiva** o de **relativo.**

301. Subraya la subordinada adjetiva en las siguientes oraciones y distingue si es especificativa o explicativa.

Ha desaparecido el rotulador que tenía encima de la mesa. ....

El chalé, que venden, no tiene piscina. ....

Han sustituido las papeleras del parque, que estaban rotas. ....

El cariño, que todos anhelamos, sólo los padres pueden darlo. ....

Encontramos a Ramón, el cual parecía muy contento. ....

Aquel señor con quien me viste era mi abuelo. ....

302. Completa las siguientes oraciones con una proposición adjetiva introducida por un adverbio relativo.

Sé ya todo ....

Desconozco la manera ....

En este solar .... han construido pisos.

En aquellos meses .... lo pasamos fenomenal.

303. Formula oraciones con los siguientes pronombres y distingue si son especificativas o explicativas.

que ....

las cuales ....

quienes ....

304. Realiza el mismo ejercicio con los siguientes adverbios relativos. Recuerda que siempre han de llevar antecedente expreso.

donde ....

como ....

cuanto ....

305. *Demuestra lo que sabes.* Lee atentamente la siguiente oración y contesta.

Éste es Luis, cuyo padre te advirtió que habías olvidado la cartera en un banco.

- Separa las proposiciones con una raya vertical.
- Subraya la proposición principal con una raya y la subordinada de ella con dos.
- ¿De qué clase es esta subordinada? ....
- ¿La subordinada es simple o compleja? ....
- Distingue dentro de la subordinada compleja la principal y la subordinada a ella y especifica de qué clase se trata.

....

....

....

11.9. Proposiciones de participio

Recordemos que el participio es la forma que adquiere el verbo para funcionar como un adjetivo, es decir, complemento del nombre. A veces, el participio lleva complementos propios y, en estos casos, decimos que constituye una **proposición adjetiva** que podría construirse en forma personal introducida por un pronombre relativo.

Observémoslo en las siguientes oraciones:

*He comprado la casa **alquilada por mis padres**.*   *(= que alquilaron...)*
*Han derribado la casa **construida en el parque**.*   *(= que construyeron...)*
*Éste es el salón **reservado para los invitados**.*   *(= que está reservado...)*

11.10. Sustantivación de las proposiciones adjetivas

Cuando el pronombre relativo no tiene antecedente expreso, no realiza la función adjetiva de complemento del nombre, sino una función propia del sustantivo. Entonces decimos que se ha **sustantivado**. Veámoslo en los siguientes ejemplos:

- **Sujeto:** *Quien mucho abarca poco aprieta.*
- **C. del nombre:** *Quien corre demasiado no llega nunca.*
- **C. del adjetivo:** *Estoy harto de quienes no saben guardar un secreto.*
- **C. directo:** *He visto en el parque a quien menos te imaginas.*
- **C. indirecto:** *He dado el balón a quien primero me lo pidió.*
- **C. circunstancial:** *Me he encontrado en el cine con quien menos esperaba, Jorge.*
- **C. agente:** *Los jugadores fueron abucheados por quienes ocupaban las primeras filas.*
- **Suplemento:** *Sólo contamos con quienes habían ofrecido su ayuda.*

Recordemos que no existen subordinadas sustantivas en función de complemento indirecto, pero sí **sustantivadas** en esta función.

306. Transforma la proposición de participio por una construcción personal, respeta las pausas (señaladas con comas) y distingue si son especificativas o explicativas.

Ej.:

La enciclopedia, consultada en la biblioteca, está en inglés.   explicativa
La enciclopedia, que he consultado en la biblioteca, está en inglés.

Los libros leídos en la niñez no se olvidan nunca.

....

Tiene una habitación decorada con carteles de ciclistas.

....

A este solar traen los coches apartados de la circulación.

....

Los ancianos, resignados con su soledad, ingresaron en la residencia.

....

307. Señala en las oraciones del ejercicio anterior los complementos que llevan los participios e indica la función que realizan.

Ej.:

en la biblioteca   C. circunstancial de lugar

....

....

....

....

308. Demuestra lo que sabes. En las siguientes oraciones hay proposiciones sustantivas, adjetivas y sustantivadas. Distínguelas y señala la función que realizan las sustantivas, y si son especificativas o explicativas las adjetivas.

¿No fue Juan quien te llamó por teléfono?   ....
Yo vi lo que se daba.   ....
Entregué el paquete en la casa que me dijiste.   ....
Di el dinero a quienes me lo pidieron.   ....
Sólo aprobaron los que sacaron 4,5 de nota.   ....
Los monarcas fueron aclamados por quienes encontraban a su paso.   ....
Éste es el conserje, cuya hija estudia en nuestra clase.   ....
Los obreros, que trabajaban en esta obra, están en huelga.   ....
He tirado a la basura el casete que estaba estropeado.   ....
Me avergüenzo de quienes no respetan a los ancianos.   ....
Estaba deseoso de que le tocara la lotería.   ....
Aquí tengo las bicicletas de las que te hablé.   ....
Quien mucho grita pierde la razón.   ....

175

Ejercicios de autoevaluación

309. Distingue si las siguientes afirmaciones son verdaderas (V) o falsas (F).

a) Se llaman proposiciones sustantivadas aquellas adjetivas que realizan funciones propias del sustantivo. ☐

b) No existen proposiciones sustantivas en función de complemento indirecto, pero sí sustantivadas en esta función. ☐

c) **Cuyo (-a, -os, -as)** es relativo y determinante posesivo a la vez. ☐

d) Los adverbios relativos siempre introducen una proposición adjetiva o de relativo. ☐

310. Completa las siguientes oraciones.

Los .... propios de las subordinadas .... son **que** y **si.**
Éstos .... cuando se emplea la forma de expresión en .... directo.
Cuando un .... no lleva .... expreso,
la proposición de relativo está ....
Los .... relativos son ....
.... y equivalen respectivamente a ....
....
Tanto en una .... como en una .... compleja la relación
que se ....:..................... entre las proposiciones puede ser de ....
.... o de ....

311. Subraya la proposición subordinada en las siguientes oraciones y distingue la función que realiza.

¿No fue Luis quien te comentó nuestra discusión? ....
Son muy amigos los que se saludan efusivamente. ....
Irán de excursión los que aprueben todo. ....
Lo que dices no es cierto. ....
Sólo he contado con quienes se ofrecieron voluntarios. ....
Esta cazadora es la que me compré en el mercadillo. ....
A quien madruga Dios le ayuda. ....
El esfuerzo de los que llegaron a la meta fue extraordinario. ....
Aquí se acabó lo que se daba. ....
Jugaremos al tenis con quienes tengan completo el equipo. ....
Fuimos insultados por quienes se quedaron sin entradas. ....

312. **Sigue la pista. Lee atentamente el texto siguiente del poeta chileno Pablo Neruda y contesta.**

*Hacía tiempo que los escritores peruanos, entre los que siempre conté con muchos amigos, presionaban para que se me diera en su país una condecoración oficial. Confieso que las condecoraciones me han parecido siempre un tanto ridículas. Las pocas que tenía me las colgaron al pecho sin ningún amor, por funciones desempeñadas, por permanencias consulares, es decir, por obligación o rutina. Pasé una vez por Lima, y Ciro Alegría, el gran novelista de **Los perros hambrientos,** que era entonces presidente de los escritores peruanos, insistió para que me condecorase en su patria. Mi poema «Alturas del Macchu Picchu» había pasado a ser parte de la vida peruana; tal vez logré expresar en esos versos algunos sentimientos que yacían dormidos como las piedras de la gran construcción. Además, el presidente peruano de ese tiempo, el arquitecto Belaúnde, era mi amigo y mi lector. Aunque la revolución que después lo expulsó del país con violencia dio al Perú un gobierno inesperadamente abierto a los nuevos caminos de la historia, sigo creyendo que el arquitecto Belaúnde fue un hombre de intachable honestidad, empeñado en tareas algo quiméricas que al final lo apartaron de la realidad terrible, lo separaron de su pueblo que tan profundamente amaba.*

PABLO NERUDA: *Confieso que he vivido.*

1. En este texto hay siete **que** relativos. Subráyalos e indica cuál es su antecedente (subráyalo con dos rayas).

2. Escribe la subordinada que introducen los relativos e indica la función que realizan en la misma.

   ....

   ....

   ....

   ....

   ....

   ....

   ....

3. Hay tres participios que podríamos conmutarlos por una construcción personal adjetiva. Realiza esta transformación.

   ....

   ....

4. En la oración *Confieso que las condecoraciones me han parecido siempre un tanto ridículas,* ¿qué función realiza la subordinada? ....
   Transfórmala en estilo directo.

   ....

12. Oraciones complejas por subordinación. Proposiciones adverbiales

12.1. Clases

Recordemos que la **proposición adverbial** realiza una función de la principal propia del **adverbio o locución adverbial**, esto es, **complemento circunstancial;** por ello, se llaman también **proposiciones circunstanciales.**

Observemos las siguientes oraciones:

Coloca el libro → **alli.**   *Coloca los libros* → **así.**
                  → **donde estaba.**   → **como lo hago yo.**
Devuélvelo a la bibliotecaria → **después.**
                  → **cuando hayas terminado.**

Pero no siempre posee el idioma un adverbio o locución adverbial que exprese la circunstancia que manifestamos, por lo que estas proposiciones son imprescindibles.

Atendiendo a las diversas circunstancias que expresan, se distinguen las siguientes clases:

de **lugar**	comparativas	condicionales
de **tiempo**	causales	finales
de **modo**	consecutivas	concesivas

12.2. Proposiciones subordinadas de lugar

Expresan una circunstancia de lugar respecto de la acción principal. Se introducen con el adverbio **donde,** precedido o no de preposición.

*He colocado el mapa **en donde me dijiste.***
*Hemos paseado **hasta donde cayó el rayo.***
*Ése circula **por donde está prohibido.***

Otros valores de *donde*

Donde es adverbio relativo cuando acompaña a un nombre, que es su antecedente, e introduce entonces una **proposición adjetiva.** En otro caso, es adverbio y la proposición es **adverbial de lugar:**

*Te espero en el gimnasio **donde** (= en el que) trabaja José.*   (adjetiva)
*Debes ir **adonde te han dicho.***   (adverbial)

● No debe confundirse el adverbio relativo **donde** con el interrogativo **dónde** (escrita siempre con tilde), que puede emplearse en una oración simple o compleja:

*¿Por **dónde** has venido?*   *Dime por **dónde** has venido.*   (sustantiva de CD)

313. Sustituye los adverbios y locuciones adverbiales por una proposición adverbial.

*Coloca esa maleta **allá arriba**.*

....

*Han llegado a la ermita **de todas las partes**.*

....

*Acércate **más acá**.*

....

314. Formula oraciones complejas en las que emplees subordinadas de lugar con los nexos siguientes.

hacia donde ....

por donde ....

adonde ....

en donde ....

desde donde ....

315. Distingue los distintos valores de *donde* y *dónde*. Subraya la proposición subordinada y di de qué clase es.

Pregúntale dónde ha comprado esos zapatos. ....

Salta la liebre donde menos se espera. ....

Siempre estás donde no debes. ....

Vete a la clase donde te corresponde. ....

Deduje fácilmente por dónde os iba a encontrar. ....

Ésa es la roca desde donde cayó Ramón. ....

316. Demuestra lo que sabes. Lee atentamente la siguiente oración y contesta.

Ni sé el lugar donde has aparcado el coche ni quiero saber por dónde has estado con él.

- Separa las proposiciones con una raya vertical.
- ¿Qué tipo de proposiciones introducen los nexos **ni... ni?** ....
- Estas proposiciones introducidas por **ni** ¿son simples o complejas? ....
- Analiza cada una de las proposiciones introducidas por **ni** señalando cuál es la principal y la subordinada e indica de qué clase es.

ni sé el lugar donde has aparcado el coche ....

ni me importa por dónde has estado con él ....

12.3. Proposiciones subordinadas de tiempo

Indican una circunstancia temporal **anterior, simultánea** o **posterior** a la acción expresada en el verbo de la principal.

> *Llegaremos a casa **antes de que anochezca.***
> *Veré un rato la televisión **mientras te vistes.***

Las **proposiciones temporales** pueden construirse con el verbo en forma personal y entonces van introducidas por nexos muy variados:
cuando, mientras, apenas, tan pronto (como), antes (de) que, hasta que, en cuanto, despés (de) que, en el instante en que...

> ***Cuando vayas a salir** avísame.* / *No hables **mientras comes**.* / *No me pidas más dinero **hasta que no pagues lo que me debes**.*

Con el verbo en forma no personal:

- en **infinitivo**: ***Al escribir** comete muchas faltas de ortografía.*
- en **participio**: ***Acabada la cena**, nos fuimos a la cama.*
- en **gerundio**: *Ana sufrió una caída **yendo al colegio**.*

Recordemos que **cuando** es adverbio relativo si acompaña a un nombre (antecedente) e introduce una **proposición de relativo**:

> *¿Recuerdas aquel día **cuando** (= **en el que**) nos quedamos sin dinero?*

Cuando puede ser también adverbio interrogativo y entonces se emplea en oraciones simples o complejas:

> *¿**Cuándo** has llegado?*   *Dime **cuándo** has llegado.*   (sustantiva de CD)

12.4. Proposiciones subordinadas de modo

Informan cómo se realiza la acción principal. Se introducen con los nexos: **como, como si, como para, según (que), según y como, según y conforme.**

> *He colocado los discos **como me dijiste**.*
> *Instalamos la lavadora **según indicaban las instrucciones**.*

Se consideran **modales**, aunque tienen también cierto valor **comparativo**, las proposiciones introducidas por **como** y **tal** referidas a un antecedente de la principal con el que van en correlación:

*Lo hizo **así como lo cuenta**.* / *Vi el accidente **tal como lo cuento**.*

Otros valores de los nexos *como* y *según*

- **Como** es adverbio relativo cuando lleva antecedente:

> *Desconozco la manera **como** (= **por la cual**) lo ha averiguado.*

- **Cómo** es adverbio interrogativo y puede emplearse en oraciones simples o complejas:

> *¿**Cómo** estás?*   *Pregunta **cómo te encuentras**.*   (sustantiva de CD)

- **Según** puede ser preposición:

> ***Según** mi padre esa noticia es falsa.*

317. Transforma en las siguientes oraciones el adverbio o locución adverbial por una proposición temporal o modal.

En pocas horas han asfaltado la calle.

....

Están recién casados.

....

Siempre se ríe a carcajadas.

....

318. Formula oraciones complejas empleando los nexos siguientes y distingue si son temporales o modales.

tan pronto como	....
en cuanto	....
según	....
tal :. como	....
apenas	....
como si	....

319. Transforma el verbo de la subordinada en una construcción personal y distingue si es temporal o modal.

Al llegar a casa se encerró en su habitación.

....

Vaciada la piscina, procedieron a su limpieza.

....

Subiendo a esa montaña tuvo Juan el accidente.

....

Luisa estudia oyendo música.

....

320. Demuestra lo que sabes. Distingue los diversos valores de *como-cómo, cuando-cuándo* en las siguientes oraciones.

No recuerdo el año cuando nos vinimos de Alemania. ....

Desconozco cómo vas a conseguir tanto dinero. ....

Quiere saber cuándo terminas el examen. ....

He montado la cadena de sonido como indican las instruc-
ciones. ....

Cuando vengas a comer llámame antes. ....

He descubierto la manera como colarnos sin entrada. ....

181

12.5. Proposiciones subordinadas comparativas

Sirven de término de comparación respecto de un elemento de la principal. Los conceptos comparados desde el punto de vista de la cualidad o cantidad pueden presentarse como iguales o desiguales dando lugar a tres formas diferentes de relación:

● **de igualdad**   ● **de superioridad**   ● **de inferioridad**

En todas ellas se omite el verbo de la subordinada cuando es el mismo que el de la principal.

● **Comparativas de igualdad.** Emplean los siguientes nexos correlativos:

tan ... como	*Te encuentro **tan** joven **como me imaginaba**.*
tanto ... como	*En esta maleta cabe **tanto como en esa** otra.*
tanto ... cuanto	*Viajo **tanto cuanto puedo**.*
igual ... que	***Igual** vale para un roto **que para un descosido**.*
lo mismo ... que	*Este médico atiende **lo mismo** a los ricos **que a los pobres**.*

● **Comparativas de superioridad.** La relación comparativa se establece entre el adverbio **más** de la principal, que va en correlación con la conjunción **que** o la preposición **de** de la subordinada.

más ... que	*A veces, eres **más** terco **que una mula**.*
más ... de	*Este coche vale **más de lo que me puedo gastar**.*

Se suelen emplear los adjetivos comparativos **mejor, peor, mayor** y **menor** en lugar de las formas **más bueno, más malo, más grande** y **más pequeño**.

*Estas zapatillas son **mejores que las de tu hermano**.*

● **Comparativas de inferioridad.** La comparación se introduce por el adverbio **menos,** que va en correlación con la conjunción **que** o la preposición **de** en la subordinada.

menos ... que	*Estas reuniones son **menos** aburridas **que las familiares**.*
menos ... de	*¿Tienes **menos** dinero **del que te exigen**?*

321. Formula oraciones complejas con subordinación adverbial comparativa.

de igualdad: ....
....

de superioridad: ....
....

de inferioridad: ....
....

322. Completa las siguientes oraciones.

Esta sopa está mejor ....
Nuestra casa es más grande ....
Este coche ha salido peor ....
El diccionario es más pequeño ....

323. En las siguientes oraciones complejas hay proposiciones subordinadas de lugar, tiempo, modo y comparativas. Distínguelas.

Te adjudicarán la construcción del edificio según presentes el proyecto
solo o en equipo. ....

Subimos a la montaña por donde pudimos. ....

Al salir de casa apaga las luces. ....

Tiene más conchas que un galápago. ....

Está la paella como para chuparse los dedos. ....

Apenas conozcas las notas llama a mamá. ....

Este conjunto musical es peor que el del otro día. ....

324. Demuestra lo que sabes. Lee atentamente la siguiente oración compleja y contesta.

Antes de que abras la boca sé que vas a decir que tu madre hace la paella mejor que yo.

- Separa las proposiciones con una raya vertical.

- ¿Cuál es la proposición principal de todas ellas? ....

- En una el verbo está omitido. Escríbela completa.

....

¿Por qué se ha omitido? ....

- Una de las proposiciones es compleja formada por tres proposiciones. Escríbela y distingue el valor de cada una de ellas.

....
....
....

12.6. Proposiciones subordinadas causales

Expresan la causa (razón o motivo) por la cual acontece la acción principal.

Normalmente se construyen con el verbo en forma personal y se introducen por conjunciones y locuciones conjuntivas muy variadas:

porque, que, puesto que, supuesto que, ya que, como (que), visto que, en vista (de) que, como quiera que...	*He usado el rotulador **porque es mío**.* *No iré a la fiesta, **ya que no me han invitado**.* ***En vista de que no te decides**, me voy solo.* ***Visto que no atiendes**, dejémoslo por hoy.* ***Como quiera que erais muchos**, decidí no ir.*

Debemos tener en cuenta que las conjunciones **que** y **como** tienen otros muchos valores; a pesar de ello, es fácil reconocer cuándo tienen valor causal, ya que, en todos los casos, pueden conmutarse por la conjunción **porque**.

*Apaga la luz, **que te estás quedando dormido**.*   *(= porque te estás...)*
Como se cree guapa, piensa que todos andan tras ella.   *(= porque se cree)*

Otras maneras de construirse la proposición causal

- **Con el verbo en forma no personal:**

    *Nos han tomado el pelo **por pasarnos de listos**.*
    ***A fuerza de insistir**, consigue siempre lo que quiere.*
    ***Viniendo de ti**, acepto el encargo con agrado.*

- **Cuando la acción principal se debe a la gran intensidad con que se presenta un elemento en la subordinada,** presenta construcciones muy variadas:

    *No es posible beber esta agua **de lo sucia que está**.*
    *No es posible entrar en ese bar **de tanta gente que hay**.*
    *No alcanza al armario **de lo bajo que es**.*
    ***De las voces que dio**, le oyeron todos los vecinos.*

En todos estos casos es fácil reconocer el valor causal de la subordinada porque todas ellas podrían conmutarse por una construcción introducida por la conjunción *porque*:

*Nos han tomado el pelo **porque nos pasamos de listos**.*
*No es posible beber esta agua **porque está muy sucia**.*

---

325. Escribe la siguiente oración sustituyendo la conjunción *porque* por otro nexo conjuntivo del mismo valor.

Se ha suspendido el concierto porque ha llovido.

....
....
....
....
....
....
....

326. Formula oraciones en las que figuren los siguiente nexos.

como quiera que ....

visto que ....

en vista de que ....

327. Distingue los valores de *que* y *como* en las siguientes oraciones.

Me rogó que le acompañara al médico. ....

El disco que te presté es de Luisa. ....

Dame ya el dinero, que lo necesito. ....

Como vi la luz apagada, no llamé. ....

Como te dije ayer, está tarde voy al museo. ....

Como tiene mucho dinero viste de maravilla. ....

328. Subraya la proposición causal en las siguientes oraciones y transfórmala en una construcción con *porque*.

Por hablar demasiado no te han elegido.

....

De las risas que oí, deduje que estaba animada la fiesta.

....

De lo bueno que es, todo el mundo le toma el pelo.

....

329. Demuestra lo que sabes. Separa las proposiciones de la siguiente oración con una raya vertical y averigua el valor de cada una de ellas.

Sabes que no me gusta la menestra que haces porque te lo he dicho mil veces.

....
....
....
....

12.7. Proposiciones subordinadas consecutivas

Expresan una consecuencia resultado de la acción principal, que es su causa. Por ello, un mismo pensamiento puede expresarse de dos formas diferentes:

> *No aprobaré **porque no he estudiado**.*   (subordinada causal)
> *No he estudiado, **luego no aprobaré**.*   (subordinada consecutiva)

Se distinguen dos tipos de **consecutivas** dependiendo de que la consecuencia sea o no resultado de una intensidad de la acción, circunstancia o cualidad expresada en la proposición principal.

- Cuando la **consecutiva** no es el resultado de intensidad en la principal, se introducen mediante conjunciones y locuciones conjuntivas:

luego, pues, conque, así (es) que, así pues, por consiguiente, por (lo) tanto, por esto (eso), de ahí que...	*Pienso, **luego existo**.* *Estoy en el médico, **por tanto no me esperéis**.* *No has contribuido en nada, **conque no exijas**.* *Ya has comido bastante; **recoge los platos, pues**.* *No me ha invitado; **por eso no iré**.* *Ha estado de viaje, **de ahí que no sepa nada**.*

- **Consecutivas resultado de intensidad en la principal.** En estas oraciones la **consecutiva** se introduce con la conjunción **que** en correlación con las palabras **tanto, tan, tal, así...** expresadas en la principal.

tal + N = + que **tan + Adj = + que** **tanto + N = + que** **tanto + V = + que** **tan + Adv = + que**	*Le dio **tal** alegría **que rompió a llorar**.* *Es **tan** brusco **que nadie lo aguanta**.* *Vimos **tantos** televisores **que al final no nos decidimos por ninguno**.* ***Tanto** gritó **que se quedó afónico**.* *Me han cortado el pelo **tan** mal **que me da vergüenza salir a la calle**.*

Están lexicalizadas y funcionan como locuciones conjuntivas las expresiones **de tal modo que, de tal manera que, de tal suerte que, en grado tal que**:

> *Ríe **de tal modo que nos contagia a todos**.*
> *Viste **de tal suerte que parece un mendigo**.*
> *Se enfadó **en tal grado que nos asustó a todos**.*

330. Transforma las siguientes oraciones de manera que la subordinada exprese una consecuencia.

Tengo dinero porque ahorro mis pagas.

....

Como llegó tarde al colegio, no le dejaron entrar.

....

No es posible bañarse en el río de lo fría que está el agua.

....

Me duele la cabeza de tanto estar tumbado al sol.

....

331. Elige del siguiente recuadro los nexos que podrías emplear en lugar de *luego* sin que varíe el significado de esta oración.

*Es suya la pelota, **luego** dásela.*

de ahí que, ya que, conque, como quiera que, pues, por consiguiente, como, por esto, según que, puesto que, donde, por lo tanto, así es que

....

332. Construye oraciones con subordinadas consecutivas que presenten la siguiente estructura.

tal + N + *que* ....

tan + Adj + *que* ....

tanto + N + *que* ....

tanto + V + *que* ....

tan + Adv + *que* ....

333. *Demuestra lo que sabes.* Lee atentamente la siguiente oración y contesta.

No he estudiado, por tanto he suspendido; pero sí aprobaré en septiembre porque en verano iré a una academia.

• Separa las proposiciones con una raya vertical y escribe entre paréntesis los nexos.

• ¿Qué clase de proposición introduce la conjunción **pero?** ....
Escríbela completa. ....

• Escribe las proposiciones subordinadas y di de qué clase son.

....

....

12.8. Proposiciones subordinadas condicionales

Formulan una condición necesaria para que se cumpla la principal. La proposición subordinada recibe el nombre de **prótasis** y la principal de **apódosis.**

Si hace frío, no iré al fútbol.

— prótasis — — apódosis —

- Se introducen, normalmente, mediante **conjunciones** y **locuciones conjuntivas:**

si, como, cuando, siempre que, con que, con sólo que, a condición de que, en el supuesto (de) que, a menos que...

Como no traigas el dinero, no vienes.
Esa película será interesante cuando todo el mundo va a verla
Con que apruebe Matemáticas, me conformo.
Con sólo que dediques unos minutos al ordenador, aprenderás su manejo.
A menos que os pongáis de acuerdo, no decidiremos nada.

Las conjunciones **como** y **cuando** tienen otros valores, pero se puede reconocer fácilmente el valor condicional conmutándolas por la conjunción **si,** posible en todos los casos.

Como no traigáis el uniforme, no entráis en el gimnasio.   *(= Si no traéis el uniforme...)*
Será verdad cuando lo dice con esa seguridad.   *(... si lo dice con esa seguridad)*

- En yuxtaposición con el verbo en imperativo, gerundio o participio; y con la preposición **de** en infinitivo:

Llámale gordo; verás cómo se enfada.   *(Si lo llamas gordo...)*
De haber venido abrigado, ahora no estaría en cama.   *(Si hubiera venido...)*
Gritando, pierdes la poca razón que tengas.   *(Si gritas...)*
Este mueble, lijado y pintado, parecerá otro.   *(si lo lijas y pintas...)*

Se reconoce fácilmente el valor condicional de una proposición porque en todos los casos se puede construir con la conjunción *si.*

334. Formula oraciones en las que emplees los siguientes nexos.

con que ....

con solo que ....

en el supuesto de que ....

a menos que ....

335. Distingue los valores de *como* y *cuando* en las siguientes oraciones.

Como llegó tarde, se quedó sin tarta. ....

Como venga tu hermano, no te dejan entrar. ....

Como dice mi padre, ahora no hay orden, sino desorden. ....

Como protestes, te vas a la calle. ....

Cuando hablaba mi abuelo, todos callaban. ....

Cuando insiste tanto es que tiene interés. ....

Cuando llegue la primavera este jardín se llenará de rosas. ....

336. Formula oraciones con subordinación condicional y el verbo en:

imperativo ....

infinitivo ....

gerundio ....

participio ....

337. Transforma en las oraciones formuladas en el ejercicio anterior la subordinada condicional de manera que emplees los siguientes nexos.

si ....

siempre que ....

con tal de que ....

a condición de que ....

338. Demuestra lo que sabes. Lee atentamente la siguiente oración.

Jorge ha dicho exactamente: «Dale el dinero a condición de que te entregue el paquete.»

Completa ahora las siguientes oraciones:

Esta oración es .... *formada por* .... *proposiciones.*

La principal es ....

y .... *es una proposición sustantiva de* ....

.... *en estilo directo, constituida, a su vez,*

por una principal .... *y una subordinada*

adverbial ....

....

12.9. Proposiciones subordinadas concesivas

Expresan una dificultad que obstaculiza el cumplimiento de la acción principal sin llegar a impedir su realización:

Aunque no me han invitado, me presentaré en la fiesta.

La conjunción **aunque** es el nexo principal, pero hay otros muchos:

aunque, a pesar de que,
cuando, aun cuando,
si bien, aun así,
así, si quiera sea,
mal que, por más que...

A pesar de que te advertí, entraste sin llamar.
Se pone mi ropa, aun cuando no me la pida.
Está terminada la obra, si bien no han retirado los escombros todavía.
Tendrá que recoger la cocina, mal que le pese.
No dará el brazo a torcer, así le maten.

Los nexos **cuando** y **así** tienen otros valores; sin embargo, puede reconocerse el valor concesivo cuando sea posible su conmutación por la conjunción **aunque**:

Le dieron un notable en Lengua, cuando se merecía un sobresaliente.   (= *aunque se merecía...*)
Va al fútbol, así caigan chuzos de punta.   (*...aunque caigan chuzos...*)

Otra maneras de construirse las concesivas

- Con las formas no personales del verbo:

  con + infinitivo   *Con solo disculparte, no va a ser suficiente.*
  aun + gerundio   *Aun jurándolo, no te van a creer.*
  participio + **y todo**   *Enfadado y todo, se vino con nosotros.*

- Son numerosos los giros sintácticos con valor concesivo: **diga lo que diga, sea como sea, sea cual fuere, hable lo que hable...**
  Gane lo que gane, siempre está sin un duro.   (= *aunque gane...*)
  Sea la fiesta como sea, yo me voy a aburrir allí.   (= *aunque sea...*)

- Tienen valor concesivo también las construcciones del tipo **por ... que**:

  Por muy zalamero que te pongas, no me vas a convencer. (= *aunque te pongas...*)
  Por tonto que sea, tiene que haberse enterado.   (= *aunque sea...*)
  Por mucho que corras, no alcanzarás ya el tren.   (= *aunque corra...*)

339. Averigua qué otros nexos podrías emplear en lugar de *aunque* en la siguiente oración.

Aunque tuviera dinero, no compraría ese coche.

....

340. Formula oraciones complejas en las que la concesiva presente la siguiente estructura.

con + infinitivo ....

aun + gerundio ....

participio **y todo** ....

341. Construye concesivas con los siguientes giros sintácticos.

piense lo que piense ....

insista lo que insista ....

coma lo que coma ....

decida lo que decida ....

342. Transforma la construcción concesiva empleando los nexos del margen.

Ej.:

Por muy decidido que estés, piénsalo unos días más.   ***a pesar de que***

A pesar de que estés muy decidido, *piénsalo un poco más.*

Por mucha razón que tengas, no debes contestar así.   ***aun cuando***

....

Por muy joven que sea, tiene ya más de cuarenta años.   ***si bien***

....

Por muy policía que seas, tienes que cumplir la ley como los demás.   ***aunque***

....

343. *Demuestra lo que sabes.* Escribe las siguientes concesivas con cuatro estructuras diferentes.

No te dejaré mi cazadora aun cuando te pongas de rodillas.

....

....

....

....

Aunque veas algo raro, tú te callas.

....

....

....

....

12.10. Proposiciones subordinadas finales

Indican la finalidad de la acción principal:

*Te di el dinero **para que te compraras unos zapatos**.*

Se construyen, normalmente, con los siguientes nexos:

para que, a que, **que, a fin de que,** **con el fin de que,** **con el objeto de que,** **con vistas a que,** **con la intención de...**	*Ha ido al dentista, **a que le saque una muela**.* *He venido a cuidaros el niño **a fin de que podáis salir**.* *Trae ya la medicina **que me la tome**.* *Hace todo **con vistas a que lo asciendan**.*

Se construyen en infinitivo suprimiendo la conjunción **que** de la locución conjuntiva cuando el sujeto de la final es el mismo que el de la principal:

*Ha ido a la papelería **a comprar folios**.*
*He traído el parchís **con el objeto de jugar en tu habitación**.*

No deben confundirse las subordinadas circunstanciales con las sustantivadas en función de complemento indirecto:

*Tomad mil pesetas **para que vayáis al cine**.*   (final)
*Daré mil pesetas **a quien me ayude a colocar estas cajas**.*   (sust. de CI)

344. Completa las siguientes oraciones con subordinadas finales empleando nexos diferentes.

Leímos el periódico ....

Salimos temprano al campo ....

Bebió mucha agua ....

Alcánzame esa manta ....

Ha llevado al jefe en coche ....

Reunió a toda la familia ....

Compraremos cervezas ....

345. Formula oraciones complejas en la que la subordinada final lleve el verbo en infinitivo.

Ej.:

*Vengo **a merendar con vosotros.***

La policía detuvo al ladrón ....

Se entrena a diario ....

Utiliza el ordenador ....

Construye una casa ....

Ha salido de viaje ....

346. Distingue en las siguientes oraciones si la subordinada es final o sustantivada de complemento indirecto.

He comprado una casa para que vivan allí mis padres. ....

Dale este cuaderno a quien te lo pida. ....

Con el objeto de que aprendas a conducir, vete a una academia. ....

El guardia entregó la cartera a quien la reclamó. ....

Al que me ayude a subir estas cajas le doy veinte duros. ....

347. Demuestra lo que sabes. Lee atentamente la siguiente oración y contesta.

La carpeta que usaba Berta para guardar los apuntes ha sido encontrada en el parque donde la perdió en otro día.

● Separa las proposiciones con una raya vertical.

● ¿Cuál es la principal? ....

● ¿La subordinada es simple o compleja? ....

● Escribe las proposiciones subordinadas, di de qué clase son.

....

....

● ¿Cuál es el antecedente de los relativos empleados? ....

....

Ejercicios de autoevaluación

348. Sigue la pista. En las siguientes oraciones complejas subraya con una raya la principal y con dos la subordinada diciendo de qué clase es. (Hay tres causales, dos de tiempo, tres de lugar, cinco concesivas, dos de modo, seis consecutivas, tres comparativas, siete condicionales y una final).

Ana se cayó porque llevaba zapatos muy grandes. ....

Cuando termine esta novela te la presto. ....

Coloca las zapatillas donde te he dicho. ....

No subas a la valla, que te vas a caer. ....

Aunque grites, no te harán caso. ....

Lloraba como si lo estuvieran matando. ....

Llovió tanto que se desbordó el río. ....

Llegará, así es que lo espero. ....

Este portero es más eficiente que el anterior. ....

Dormía ya cuando lo llamasteis por teléfono. ....

Si yo fuera presidente, no viviría nadie en chabolas. ....

A pesar de que llevaba mi carné, me impidieron la entrada. ....

Corramos hasta donde está la fuente. ....

Dijo tantas mentiras como pelos tiene en la cabeza. ....

En el caso de que apruebe, me esperan unas buenas vacaciones. ....

Con que sacara un cinco en Física, me conformaba. ....

Utiliza el coche siempre y cuando pagues la gasolina. ....

Has traído más dinero del que nos hace falta. ....

De los gritos que daba los vecinos se asustaron. ....

Ha sufrido un accidente, de modo que tiene una pierna escayolada. ....

Es tan simpático que todo el mundo lo adora. ....

A menos que colaboréis todos, no terminaremos a tiempo. ....

Con tal de que cierres la boca, te compraré el chandal. ....

Está arreglado el coche, si bien todavía hace ruidos. ....

Por más que te lo advertí, metiste la pata. ....

Le dijo tales barbaridades que nos dejó boquiabiertos. ....

Aún tienes tiempo; desayuna, pues. ....

Protesta cuando debía callarse. ....

¿Colocaste el carrete en la máquina según te dije? ....

Aquí es donde aparco siempre el coche. ....

De haber hecho puente, hubiera ido a Valencia. ....

Te doy ya el libro para que te lo leas con tiempo. ....

349. Ejercita el ingenio. Transforma las formas no personales en una construcción personal (cuando te sea posible) y señala de qué clase es la proposición.

Con solo haberte callado, no te hubiera denunciado el guardia.
....

Al volver a casa perdí la cartera.
....

Por haberse hecho el ingenuo, le han regalado una calculadora.
....

De haber tenido dinero, me hubiera comprado la moto.
....

Estar así de enfermo es como no vivir.
....

Esto es lo mismo que soñar despierto.
....

Al entrar en el cine, me tropecé con el profesor.
....

A fuerza de dar la lata, consiguió sus zapatillas.
....

Por haber estudiado tanto, tendrás tu bicicleta nueva.
....

Finalizado el curso, salimos de vacaciones.
....

Este pisito, arreglado y pintado, parecerá otro.
....

Cansado y todo, se vino a la fiesta con nosotros.
....

Saliendo de clase me caí por las escaleras.
....

Pensando de esa forma, no llegarás a ser nada en la vida.
....

Aun trabajando doce horas diarias, no acabarás el trabajo para el lunes.
....

Vagueando de esa manera, no aprobarás el curso.
....

Ejercicios de recapitulación y autoevaluación

350. Sigue la pista. Localiza seis oraciones simples y treinta complejas. En éstas debes reconocer seis proposiciones coordinadas, seis sustantivas, seis adjetivas, seis sustantivadas y seis adverbiales.

Luisa es una niña a la que le gusta mucho el cine. ....

Con que se casara, sus padres estarían satisfechos. ....

Antonio debe estar aquí a las ocho. ....

Ni presenciaste la discusión ni conoces el porqué. ....

¡No serás capaz de decírselo a mis padres! ....

Los que quieran más ensalada acerquen el plato. ....

Hablaban de quien dormiría esta noche con los abuelos. ....

Es muy bueno que pasees a diario. ....

Es una persona cabal, pero nadie lo reconoce. ....

Tienes que ser más sincero contigo mismo. ....

No ha llegado a la hora, así es que vámonos. ....

En esta empresa hay mucha gente a la que no le gusta el jefe. ....

Este sofá ha sido quemado por quienes fumáis. ....

Quien ha llamado dos veces es tu hermano Jorge. ....

Al que le falten folios pídanlos ahora. ....

Estaba muy satisfecho de haber participado en la maratón. ....

A mí no me preocupa que hablen mal de mí los envidiosos. ....

Unos han votado a favor, otros se abstuvieron. ....

A las seis entregó su alma a Dios, es decir, expiró. ....

Estuve a punto de quedar finalista. ....

Anoche Ana rompió a llorar sin motivo aparente. ....

Con el objeto de conseguir dinero, reparte propaganda. ....

Aún no ha llegado Ramón; siéntate, pues. ....

Éste es Juan, cuya hermana conociste ayer. ....

Ésa es la ventana por la que se cayó Beatriz. ....

Yo respeto mucho a quienes nos han educado. ....

Jorge reiteró que él no había entrado en aquella casa. ....

Aquí este niño se porta bien, pero en mi casa es un diablo. ....

¿Todavía sigues desayunando? ....

Esta habitación es un poco más pequeña que la mía. ....

Éste es el empleado al que le ha tocado la lotería. ....

A las siete llegó un señor al que no había visto nunca. ....

Dijo tales verdades que no pudieron responderle. ....

Tiene reunidas más de cinco mil pesetas. ....

¡Quiéreme o déjame de una vez! ....

Cenar demasiado es perjudicial para la salud. ....

351. Ejercita el ingenio. Distingue los distintos valores de *cómo-como*, *cuándo-cuando*, *cuánto-cuanto*, *dónde-donde* y *qué-que* en las siguientes oraciones.

Como miente mucho, nadie le cree. ....

He hecho el bizcocho como me indicaste. ....

Investiga cómo ha podido reunir tanto dinero. ....

Ya conozco la manera como conseguir las entradas. ....

Estaba muy tranquilo como si nada hubiera sucedido. ....

Como se cree muy listo no pide nunca ayuda. ....

Decía a voces cómo lo habían engañado. ....

Cuando el jefe se enfadaba todos temblaban. ....

Cuando el profesor tuvo el accidente estuvimos un mes sin clase. ....

Dime, por fin, cuándo me devolverás el dinero. ....

Cuando ingrese en la Universidad, me comprarán coche. ....

Quiere saber cuándo regresan. ....

Se produjo el terremoto cuando estaban dormidos. ....

Llamad por teléfono cuando lleguéis a Barcelona. ....

Viaja tanto cuanto le permite su trabajo. ....

Pregúntale cuánto gana. ....

Entrégale todo cuanto hemos reunido. ....

He comprado tantas botellas cuantas había en la bodega. ....

Desconozco cuánto tiempo estaré ausente. ....

Averiguo todo cuanto deseo. ....

Descubrí muy tarde cuánto me habíais engañado. ....

Dile de una vez dónde has escondido el ajedrez. ....

Quédate donde estás ahora. ....

Quedaremos en la discoteca donde conocimos a Luis. ....

Pregúntale al guardia por dónde pasarán los ciclistas. ....

Hay que averiguar dónde guarda los discos Berta. ....

Te espera en la tienda donde trabaja Beatriz. ....

Subiremos a la montaña por donde no lo ha hecho nadie. ....

Pregúntale qué desea a estas horas. ....

Dice que lo esperéis unos minutos. ....

El coche que estaba en la acera ha sido retirado por la grúa. ....

Dame ya el dinero, que lo necesito. ....

Trae el refresco que lo bebemos. ....

Que eres tonto se ve a la legua. ....

El que grita más es Antonio. ....

352. Separa las proposiciones en los siguientes refranes y proverbios y señala de qué clase son.

Ej.:

Bueno es | que haya ratones | para que no se sepa | quién se come el queso.
principal   sust. de sujeto   final   sustantivada de CD

Cuando fuiste martillo, no tuviste paciencia; ahora que eres yunque, ten paciencia.
....

Cuanto más grande es la cabeza, más fuerte es la jaqueca.
....

Cuando los que mandan pierden la vergüenza, los que obedecen pierden el respeto.
....

El sabio convive con la gente sin criticar, el necio critica sin convivir.
....

El hombre jamás sabe qué hacer con la libertad.
..:..

Fango que se remueve, más huele.
....

Hay muchos buenos hombres que sólo son malos bichos.
....

Hay quienes pasan por el bosque y no ven leña para el fuego.
....

Ir por leña y volver caliente le ocurre a mucha gente.
....

Mira a las estrellas, pero no olvides de encender la lumbre en el hogar.
....

Nosotros, perros de caza, hemos matado la liebre, dice el perrillo faldero.
....

Nos gustaría vivir y morir como las brevas: caernos del árbol cuando nos hubiéramos puesto morados.
....

No en lo grande está lo bueno, sino en lo bueno está lo grande.
....

No habléis mal del puente hasta haber cruzado el río.
....

Por bueno que sea un caballo, necesita espuelas.
....

353. Realiza el mismo ejercicios con las siguientes frases célebres.

Ayudadme a comprender lo que os digo y os lo explicaré mejor. (A. MACHADO)

....

Aunque las mujeres no somos buenas para el consejo, algunas veces acertamos. (SANTA TERESA)

....

Cada uno es como Dios lo hizo, y aún peor muchas veces. (M. DE CERVANTES)

....

Cuando no se piensa lo que se dice es cuando se dice lo que se piensa. (BENAVENTE)

....

El perfume anuncia la llegada de una mujer y alarga su marcha. (COCO CHANEL)

....

El escritor escribe de lo que lleva dentro, de lo que va cocinando en su interior y luego vomita porque ya no puede más. (ISABEL ALLENDE)

....

El periodista tiene que escribir a toda velocidad porque si no corre el riesgo de que, al llegar al último renglón, ya no tenga actualidad el primero. (FERNANDO FERNÁN GÓMEZ)

....

Los débiles sucumben no por ser débiles, sino por ignorar que lo son. (RAMÓN Y CAJAL)

....

La belleza que atrae rara vez coincide con la belleza que enamora. (ORTEGA Y GASSET)

....

Los que saben mucho se admiran de pocas cosas, y los que no saben nada se admiran de todo. (SÉNECA)

....

La rapidez, que es una virtud, engendra un vicio, que es la prisa. (MARAÑÓN)

....

La mujer adora al hombre igual que el hombre adora a Dios; pidiéndole todos los días algo. (JARDIEL PONCELA)

....

No he nacido para un solo rincón, mi patria es todo el mundo. (SÉNECA)

....

354. Lee atentamente el texto siguiente y contesta.

QUERIDO SOTERO: *Yo también tengo cosas que contarte, semejantes a las tuyas, o al menos a mí me lo parece, pero no iguales. Por lo pronto, todavía no he hablado con ningún profesor, ni creo que llegue a hacerlo. Somos mucha gente en el curso, y aunque hay algunos compañeros que se les acercan, como están mal mirados por los demás, yo no quiero ser uno de ellos, ni tampoco me importa. ¿De qué les voy a hablar? Asisto a las clases regularmente. El profesor de lógica me parece el mejor; es un señor muy agradable, y muy inteligente, que nos obliga a estrujarnos el cerebro, aunque cortésmente, y, como dice un compañero, nos enseña a pensar. El de historia, ni fu ni fa. En cuanto al de literatura, nos repite lo que viene en el libro, casi de pe a pa, sin comentarnos nada. Y aunque a mí es lo que más me interesa, hecho en falta una explicación a fondo, que sería lo más importante, y no esta serie de datos y de fechas con que nos abruma. En fin, que voy sabiendo un poco de aquí y de allá, pero no lo suficiente. No sé si esto servirá de mucho.*

GONZALO TORRENTE BALLESTER: *Filomeno a mi pesar.* Ed. Planeta.

● Escribe las oraciones simples del texto.

....

● Analiza las proposiciones que tiene el nexo **que** y explica el valor que tiene.

....
....
....
....
....

● Localiza en el texto una proposición de las siguientes clases:
coordinada adversativa: ....
coordinada copulativa negativa: ....
concesiva: ....
causal: ....
de modo: ....

● Analiza en su totalidad la oración *No sé si esto servirá de mucho.*

....
....
....
....

SOLUCIONARIO

Abreviaturas empleadas en este solucionario:

adj.	adjetivo	**indef.**	indefinido
adv.	adverbio	**indet.**	indeterminado
afir.	afirmativa	**indic.**	indicativo
art.	articulo	**indiv.**	individual
atr.	atributo	**interj.**	interjección
colec.	colectivo	**interrog.**	interrogación
conc.	concreto	**intr.**	intransitivo
condic.	condicional	**loc.**	locución
com.	común	**m.**	masculino
comp.	complemento	**n.**	nombre
conj.	conjunción	**neg.**	negativo
cont.	contable	**or.**	oración
coord.	coordinada	**p.**	propio
cop.	copulativa	**pas.**	pasiva
dem.	demostrativo	**perf.**	perfecto
det.	determinante	**pers.**	personal
deter.	determinado	**poses.**	posesivo
disy.	disyuntiva	**prep.**	preposición
enunc.	enunciativa	**pron.**	pronombre
especif.	especificativa	**prop.**	proposición
excl.	exclamativa	**rel.**	relativo
explic.	explicativo/a	**subj.**	subjuntivo
f.	femenino	**subord.**	subordinado/a
fut.	futuro	**supl.**	suplemento
imper.	imperativo	**sust.**	sustantiva
imperf.	imperfecto	**tr.**	transitivo/a
impers.	impersonal	**v.**	verbo
incont.	incontable		

1. Introducción a la oración gramatical

1. Hay un mensaje y cuatro oraciones (contando el titular).

2. Modelo de respuesta.

El mensaje es el contenido de la noticia. La oración, cada una de las unidades comunicativas que posee. Las palabras son unidades significativas de la lengua que se pueden aislar por espacios en blanco.

3. Son oraciones *¡Engánchate a la vida!; Se alquilan coches; Sólo faltaba uno.*
Las demás no, porque no tienen significado, no comunican nada.

Pueden constituir mensajes: *¡Engánchate a la vida!; Se alquilan coches.*

4. *a)* F *b)* V *c)* F *d)* V

5.
¡Qué simpático [...]!	exclamativa
Quizá espere [...]	dubitativa
Hazlo sólo por mí.	exhortativa
Levantaos [...]	exhortativa
Luis está en su casa.	enunc. afir.
Nani no vendrá [...]	enunc. neg.
Acaso no le avisó Isabel.	dubitativa
¡Ojalá venga contento!	desiderativa
¿No podéis hablar [...]?	interrog. directa

6. Respuesta libre.

7. Modelo de respuesta.

Quiere saber si vienes [...]
Pregunta que si estás solo [...]
Dime, por fin, a dónde vamos.
Pregunta que si ha venido [...]

8.
Raúl juega a la petanca.
Raúl no juega a la petanca.
¿Juega Raúl a la petanca?
Quiero saber si Raúl juega [...]
¡Raúl juega a la petanca!
Juega a la petanca, Raúl.
Tal vez Raúl juegue [...]
Ojalá juegue Raúl [...]

9. *Me molestan **esos ruidos**; Entregad **vosotros** ese paquete en correos; **Mis hermanas** quedaron eliminadas; **Mi primos y yo** te acompañaremos; Son demasiado oscuras **estas habitaciones**; Me gusta **el huevo frito**.*

10. *Te espera en la salida Juan.*
¿Qué sastre te ha hecho ese traje?
Este armario tiene dos baldas rotas.
El otro día te vio Ana en el parque.
Hoy llegan mis padres de vacaciones.
¡Qué simpático viene hoy Luis!

11. Respuesta libre.

12. 1. *Ojalá mi hermana apruebe las matemáticas.*
¿Este chucho es tuyo?
¿Qué diablos hace ese gato en el salón?
Estos albañiles han levantado el tabique en dos día
Me desagradan muchísimo esos chillidos.

2. Respuesta libre.

13. Respuesta libre.

14. Modelo de respuesta.

Después de caminar todo el día anochecimos cerc del río.
Hoy el cielo diluvia de lo lindo.

15.
¿Quién ha visto...?	
—*Yo*	lo he visto.
—*¿Tú, solo?*	lo has visto.
—*No, también Ana.*	lo vio.
—*¿Y cómo sucedió?*	el accidente.
—*No sé.*	cómo sucedió.
—*¿Cómo? ¿Eres tonto?*	que no lo viste. Tú.
—*No, sucedió todo tan...*	no soy tonto.

16.
Todavía no ha llegado.	suj. omitido
En esta casa hace [...]	impersonal
Dices muchas cosas [...]	suj. omitido
En aquel tiempo [...]	suj. omitido

17.
—— S ——	—— P ——
[nosotros]	estamos a punto [...]
impersonal	¿Hay alguien por ahí?
impersonal	Este invierno ha hecho [...]
[nosotros]	[...] amanecimos en el parque.
¿Beatriz	cuándo ha llegado?
impersonal	no hubo [...] en la fiesta.

18. *[...] en la casa **verde**.* (adjetivo)
*El **verde** [...]* (nombre)

9. Respuesta libre.

0. *bula, copa, alcayata* y *musgo* (nombres); *pesar* (verbo); *evidentemente* (adverbio); *aunque* (conjunción); *mismo* (adjetivo).

1. Modelo de respuesta.

En   esta zona pescaban cangrejos   a   mano,
prep. det. n.   v.   n.   prep. n.

levantando con cuidado las piedras   y   apresando
    v.   prep. n.   det. n.   conj.   v.

fuertemente   a   los
    adv.   prep. det.

2. Modelo de respuesta.

prefijos	***des**-hacer, **re**-poblar, **con**-vivir, **ir**-resistible, **pro**-mover;*
sufijos	*chiqu-**illo**, gat-**ito**, ros-**al**, lech-**ero**, roj-**izo**;*
interfijos	*en-**s**-anchar, got-**er**-ón, dorm-il-ón, cafe-**c**-ito, mujer-**c**-ita;*
morfemas flexivos	*camino-**s**, buen-**as**, est-**os**, vigil-**aban**, mi-**as**.*

3. *camioneró   salchichón   cancioncilla*

   prevenido   arboleda

4. Respuesta libre.

5. *separar, separada, separadas, separación, separable, separables, inseparable, separadamente;*
servir, servidor, servible, servibles, inservible, inservibles;
rosa, rosas, rosal, rosaleda, rosaledas.

6. Las partes variables porque tienen morfemas flexivos.

7. *a)* V *b)* F *c)* V *d)* F *e)* F *f)* F

8. Modelo de respuesta.

¡bah!	Cuando alguien desprecia algo.
¡ojalá!	Cuando se expresa vivamente un deseo.
¡eh!	Cuando se llama la atención a alguien.
¡oh!	Se muestra vivamente la admiración por algo.
¡hala!	Cuando se manifiesta rechazo a una exageración que se oye.

29. Respuesta libre.

30. *burro: ¡arre!, ¡so!*
gallinas: ¡ox!, ¡pio, pío!
gato: ¡zape!

31. *¡Márchese de aquí!*   or. exclamativa
¡Vaya! Otra vez [...]   interj.
¡Diga! Ahora [...]   or. exclamativa

¡Anda más aprisa [...]!   or. exclamativa
¡Anda, que si [...]!   interj.

32. *a)* F *b)* V *c)* F *d)* V

33. 1. *c)* 2. *c)* 3. *c)* 4. *c)* 5. *b)* 6. *c)* 7. *c)*

34.

¿Hay gente en casa?	impers.
¡Ya estás otra vez [...] !	[tú]
Había al menos [...]	impers.
El otro día cumpli [...]	[yo]
En los últimos [...]	impers.
La semana pasada [...]	[nosotros]
Acaso granice [...]	impers.
Con tanta juerga [...]	[nosotros]
En septiembre [...]	impers.
Este secreto lo [...]	todo el mundo

35. *a)* Modelo de respuesta: *Hoy no juega Luis con su equipo en el colegio porque, a causa de una lesión, el médico le ha dicho que tiene que guardar cama durante dos meses...*
No existe la oración más larga porque siempre se podría seguir aumentando con nuevos complementos.

b) *Mi profesor de Historia se va a jubilar dentro de tres meses a causa de una grave enfermedad.*
A causa de una grave enfermedad mi profesor de Historia se va a jubilar dentro de tres meses.
Se va a jubilar mi profesor de Historia dentro de tres meses a causa de una grave enfermedad.

c) *Este coche se ha comido tres kilos de sandía.* No, hay incompatibilidad semántica entre *coche* y *comer*.
En aquel monte tenían mi tío cien ovejas. No, porque no existe concordancia entre el sujeto *mi tío* y el verbo *tenían*.
¡Vaya moto! Sí es una oración.

d)

De noche todos [...]	aceptable
De día el [...]	inaceptable
Primo el tuyo [...]	inaceptable
Las lentejas [...]	inaceptable
Claudia ha dicho.	inaceptable

f) La memoria es como el mal amigo; te falla cuando más la necesitas.

36. *a)* Cuatro oraciones; el sujeto es **el año** (la adivinanza); el predicado es **Es un árbol con doce ramas.**

b) *¡Venga!* es interj. impropia; *¿Qué?, ¿verdad?* son oraciones con el suj. y el predicado omitidos.

Os llama tu mamá.	*tu mamá*
¿Os ha gustado la coneja?	*la coneja*
¿Tiene nombre?	*[la coneja]*
Se llama Gilda.	*[la coneja]*
[...] puso una cara defraudada.	*la niña*
Pues no me gusta.	*Gilda*
Es un nombre muy feo.	*Gilda*

2. El núcleo: nombre y pronombre

37. Respuesta libre.

38. Modelo de respuesta.

v.	*Comer bien es agradable.*
adj.	*Los ignorantes me molestan mucho.*
adv.	*Ése efectivamente me ha agradado.*
prep.	*Según es una preposición propia.*
conj.	*Aunque es una conjunción concesiva.*
art.	*Un puede ser artículo o numeral.*

39. *El azul del cielo* es un n. *El cielo azul* es adj. *El Presidente es... socialista* es adj. *Un socialista* es n.

40.

[...] un no sé qué [...]	frase
El cuándo y el cómo [...]	adv. interrog.
Aquel ay [...]	interj.
Los rojos [...]	adj.
Tienes un andar muy [...]	v.
[...] un toma que dos te daré.	frase
[...] el largo y el ancho [...]	adj.
Los alrededores [...]	adv.
... los listos, los tontos [...]	adj.

41. Modelo de respuesta.

En el zoo he visto dos osos pandas.
- *El zoo de Madrid tiene un acuario.*
- *El oso es una especie protegida.*

El coche nuevo de tu padre tiene una rueda pinchada.
- *Tu padre acaba de bajar del autobús.*
- *Esta rueda tiene poco aire.*

Lleva ya dos meses estropeado el timbre del colegio.
- *El mes de febrero es muy corto.*
- *El colegio tiene un nuevo gimnasio.*

El disco de José Carreras te lo he puesto encima de la mesa.
- *Ese disco está rayado.*
- *José Carreras es el protagonista de la ópera Colón.*
- *Esta mesa es de nogal.*

42. Respuesta libre.

43. Los nombres comunes llevan determinantes y los propios no (diferencia gramatical). La diferencia ortográfica es que los propios se escriben con letra mayúscula inicial.

44. Son incorrectas las expresiones *la Irene* y *nuestro Pepe* porque los nombres propios de persona no llevan determinantes; *padre* se escribe con minúscula; *Adela*, con mayúscula.

45. Son concretos: *vaho, niebla, jueza, escarcha, perl, trueno, mercurio, canción, vello, murmullo.*

Son abstractos: *alma, vejez, enfado, juventud, r queza, angustia, alegría.*

46. La **construcción** es abstracto, significa realización d una obra; **construcciones** es concreto, pues signific edificios.

47. Respuesta libre.

48.

Las aguas [...]	Es intensificador.
[...] de caramelos [...]	Clases de caramelos.

49. a)

Anda un toro [...]	contable
[...] carne de toro.	incontable
[...] comiendo pollo [...]	incontable
¿Quieres pollo [...]?	incontable

b) Son nombres concretos, pues tanto el anima como la materia se perciben por los sentidos

50. gobierno-ministros; piara-cerdos; cubertería-cubier tos; sindicato-trabajadores; trigal-trigo; ejército-so dados; velamen-velas; tripulación-marineros; gentío personas; clientela-clientes; chiquillería-niños; bar dada-aves.

51. diputados-congreso; rosas-rosaleda; ovejas-rebañ árboles-arboleda; abejas-enjambre; hayas-hayedo; l ces de una ciudad-alumbrado; olivos-olivar; cajone de una mueble-cajonera; frutos recolectados-cosecha

52.

m césped	f tranquilidad	m laúd
m trombón	m encinar	m lingote
m cutis	m enchufe	m alicates
m poema	f niebla	f moto
f sordidez	f rojez	m cañaveral

53. *perros:* com., conc., cont., indiv., m.
Berbusa: p., conc., cont., indiv., m.
encuentro: com., abst., cont., indiv., m.
camino: com., conc., cont., indiv., m.
pueblo: com., conc., cont., colec., m.
segundo: com., abs., cont., indiv., m.
dentaduras: com., conc., cont., colec., f.
ladrón: com., conc., cont., indiv., m.
vagabundo: com., conc., cont., indiv., m.
algarabía: com., abs., incont., colec., f.
vecinos: com., conc., cont., indiv., m.

54. *príncipe-princesa; marido-mujer; caballo-yegua; ins pector-inspectora; macho-hembra; sacerdote-sacer dotisa; duque-duquesa; zar-zarina; emperador-em peratriz; ternero-ternera; oveja-carnero; abeja-zán gano.*

55. Emplean la misma forma para el masculino y femenino:

astronauta, linotipista, periodista, criatura, rinoce ronte, culebra, rana, sapo, renacuajo, aguilucho, per diz.

. Respuesta libre.

. Son masculinos: *capitán, golpes, prisioneros, puñado, bolsillo, alcázar, forcejeo, día, llamamiento, hombres, castillo.*

Son femeninos: *proa, cubierta, agua, galletas, llave, operación, veces, mañana, discusión, costumbre.*

.
Los vinos manchegos [...]	ponderativo
[...] esos gatos.	verdadero
[...] esos hierros.	ponderativo
Las calles [...]	verdadero
papeles.	verdadero
Los humos [...]	ponderativo

Se debe a que son nombres incontables.

. *marqués-marqueses; mamá-mamás; buey-bueyes; laúd-laúdes; no-noes; régimen-regímenes; sofá-sofás; martes-los martes; menú-menús; sí-síes; carácter-caracteres; autobús-autobuses; faralá-faralaes; montacargas-los mon.; papá-papás; jabalí-jabalíes; testuz-testuces; champú-champús.*

. Respuesta libre.

. Modelo de respuesta.
En estas barriadas viven niños abandonados.

. Respuesta libre.

. *[...] los Damborrenea; [...] a los Llovet; [...] cuatro Ramones;*
Los hermanos Baroja; [...] los Cooper;
Los Gómez, los Sanchís, y los Martos; Los Mendoza;
[...] varias Luisas.

.
Añaden una -s	Añaden -es	No tienen singular	No tienen plural	Señalan el plural con determinantes
agua, cerillas, palancas.	mocasines, ordenadores, ardides, veces, Guzmanes.	ambages, montacargas, gafas, víveres, entendederas, arras.	salud, oeste, tez.	lunes, hipérbaton, superávit, Gómez.

. *Un soldado de caballería el soldado de caballería se da su forma de ser de listo, charla con otro soldado que parece tonto.*

Este soldado pregunta al primer soldado: [...]
—Hombre —contesta— a su compañero, el de qué pie arranque depende de la forma en la cual forma esté amarrado.

. *que:* m., sing.; *las:* f., pl.; *otro:* m., sing.; *éste:* m., sing.; *le:* m., sing.; *primero:* m., sing.; *le:* m., sing.; *eso:* neutro, sing.; *que:* f., sing.

---

67. El pronombre, al igual que el nombre, puede sufrir variaciones de **género** y de **número** y realizar **las mismas funciones** en la oración.

La diferencia estriba en la significación. El nombre tiene **significado propio**, y el pronombre, **ocasional**.

● Respuesta libre.

68. Modelo de respuesta.

— 1.ª persona.
Nosotros iremos [...]; A mí me dieron [...]; No me ha [...] a mí. Me iré solo; ¿Me puedes [...]?; Vente conmigo a [...]

— 2.ª persona.
Siempre os [...]; Os estamos [...]; Te lo [...]; Han traído [...] para vosotros; Lo has [...] tú [...]; ¿Quiere ir usted a [...]?

— 3.ª persona.
A ella ya la hemos [...]; ¿No lo has [...]?; Le ha [...]; A él no le pude [...]; Pregúntale a él si lo ha [...]; ¿Se lo diste [...]?

69. —Hola, ¿qué tal le ha ido?
—Muy mal. ¿No lo ve?
—¿Qué le ha pasado?
—He estado en cama tres semanas...

70. Respuesta libre.

71. —Se detuvo frente a Mauricio y le miró severamente.
—Ahora bien: esto no lo sabemos más que nosotros, ¿entiendes? Tú y yo. La historia la oíste contar. El dinero te vino caído del cielo. Inventa lo que quieras. A la primera sospecha de que te has ido de la lengua, te hundo.
Mauricio, puesto de pie, bajó la cabeza.
—Sí..., señor.
—No te dejes....

Son sujetos: **nosotros:** m., pl.; **tú:** m., sing.; **yo:** m., sing.

72. Respuesta libre.

73. Respuesta libre.

74. —Ya te he repetido [...] que el coche *que* (= el coche) vimos [...] el *que* (= el coche) tanto [...]
—En aquellos [...] yo no podría imaginar que el mejor atleta *que* (= el mejor atleta) tendríamos y que irías [...]
—¿El reloj *que* (= el reloj) lleva [...] el *que* (= el reloj) querías que te [...]

75.
—Es un [...]; para mí es	*mí:* pers., f., sing.
[...] escucharle. Ya me lo	*le:* pers., m., sing.; *me:*
decía [...]	pers., f., sing.
que en paz [...]	*lo:* neutro; *que:* relat., m., sing.

205

fijate [...] en la manera que tiene **te:** pers., f., sing.; **que:** relat., f., sing.

[...] Hay que ver lo que es [...] **lo que:** relat., neutro

—Sí, verdaderamente: yo estoy [...] **yo:** pers., f., sing.

esta hora. Yo también creo [...] **yo:** pers., f., sing.

Cuando [...] como él sabe hacerlo [...] **él:** pers., m., sing.; **lo:** pers., neutro.

alegre, me siento otra mujer. **me:** pers., f., sing.

76. 1. *c)*   2. *a)*   3. *c)*   4. *c)*

77. El pronombre personal **ello** es del género **neutro** porque no **se refiere** a un nombre, sino a **frases ya anunciadas...**

El pronombre **relativo** *cuyo* es, además de pronombre, **posesivo** porque **podría conmutarse por los posesivos** *su, sus.*

Los **pronombres personales** átonos frecuentemente se unen al verbo por **detrás.**

78. *Tengo ya tres álbums [...]* álbumes
¿Tu Teresa [...]? Teresa
[...] hay dos mapasmundis mapamundis
[...] ver la cometa Halley el cometa
[...] se llama ligera Ligera
Mi nuero ha sufrido [...] yerno
[...] sino una alcalde. una alcaldesa
Dime a él [...] dile

79. *a)* Nombre-adverbio: **mal.**

b) Es un plural enfático porque el nombre **alegr** es abstracto e incontable.

c) Pronombres personales: **os, os, me, me, me.** Va unido al verbo: **enterréisme.**

d) Pronombres relativos: **que** = pastor más aventurado; **que** = una piedra; **que** = el mal del amo

3. Los determinantes

80. *Mi Ana es azafata.* Incorrecta, el nombre propio no lleva determinante.
En este pueblo hay dos Eustaquios. Correcta, se refiere al plural.

81. Respuesta libre.

82. Respuesta libre.

83.

Pronombres	Determinantes
personales	....
....	artículos
relativos	
demostrativos	demostrativos
posesivos	posesivos
numerales	numerales
indefinidos	indefinidos
interrogativos	interrogativos
exclamativos	exclamativos

84. *a)* V   *b)* V   *c)* F   *d)* F

85. Respuesta libre.

86. *[...] es del Quijote.*
Sí, de El Salvador.
Sólo iremos a la Alhambra [...]
El agua del Guadiana [...]

87. La contracción **al** es incorrecta porque el artículo pertenece al nombre.

De él son usos correctos porque **él** es pronombre.

Coinciden: **lo, la, los, las.**

88. *La aguja [...]; Tengo una angustia [...]; Este tor tiene un asta [...];*
Este toro tiene unas astas [...]; Anda por la acer [...];
El álgebra [...]; En este monte hay una vieja [...]

89. *En el barrio vivía un anciano [...] de la aldea. Todo los días, al amanecer cogía [...] y con ello sacab unas pesetillas [...] Le gustaba [...] en el parque mirar el azul del cielo. Sufría [...] la soledad, per [...] Lo trágico [...] vislumbraba un fin y él lo en tendía [...]*

Lo trágico es un adjetivo sustantivado, por eso llev artículo neutro.

90. Respuesta libre.

91. *Este bolígrafo [...] y ése [...]* espacial
En aquella época [...] temporal
No [...] de esa chica [...] algo aludido
Eso ya [...] algo aludido
Fíjate en aquella rubia. espacial
Tengo [...] este año será [...] temporal
[...] aquel señor [...] y éste [...] algo aludido

92. *Agarra por esa asa.*
Esta angustia no me deja vivir.
A su edad, aquella ansia [...]
Este aceite no es de oliva.
Esa ancla está rota.
En esta área nunca [...]
Aquella ala del edificio [...]

93. *a)* Son determinantes demostrativos si acompañan al nombre; en otro caso, pronombres.

   b) Siempre concuerda el demostrativo en género con el nombre.

94. Respuesta libre.

95. Coinciden **mi** y **tu.** Se diferencian en que los pronombres personales son palabras tónicas y se escriben con tilde; los posesivos son átonos.

96. Respuesta libre.

97. *Lo mío para mí y lo tuyo para ti [...]*
Nuestra casa [...] y la vuestra sólo una.
—Papá, ¿tu coche es nuestro o sólo tuyo? —De momento, sólo mío.
—¿Dónde [...] mis tijeras? —¿Tus tijeras? ¡Dirás las mías!
A mí, mi padre [...]
Vuestra profesora [...] de mi casa.

98. Pronombres posesivos: *los nuestros.*

   • Determinantes: *su pecho:* m., sing.; *sus ojos:* m., pl.; *su sangre:* f., sing.; *mi destino:* m., sing.; *su cántaro:* m., sing.; *sus padres:* m., pl.; *su hijo:* m., sing.; *su tardanza:* f., sing.; *mis pasos:* m., pl.; *hijo mío:* m., sing.; *nuestro refugio:* m., sing.; *tus ojos:* m. pl.; *tu tardanza:* f., sing.

99. 12.345 Doce mil trescientos cuarenta y cinco.
   23.004.657 Veintitrés millones cuatro mil seiscientos cincuenta y siete.

100. quinientos doce; setecientos cuarenta y siete; mil ciento once.

101. 123 centésimo vigésimo tercero
   704 septingentésimo cuarto
   12 duodécimo

102. *[...] la más vieja de ambas [...]* incorrecta
   [...] a pesar de que ambas [...] correcta
   A ambas les han entregado [...] correcta

103. *De ti no quiero ni una ni ciento.* numeral
   Hay una señora en [...] artículo
   Sólo me queda un billete [...] numeral
   Te sigue un perro. artículo
   Póngame una jarra [...] numeral

104. *[...] vale mil doscientas pesetas [...] setecientas.*
[...] con ambas [...] una sola.
Los últimos [...] los primeros en entrar.
[...] hay ocho libros [...] tres.
Es en el primero [...]

105. Cardinales: *mil ocho, ambos.*
   Ordinales: *decimonono, nono, trigésimo segundo, octavo.*
   Fraccionarios: *tercera (parte), medio, onceavo, quinceavo, veinteavo, octava (parte), dieciseisavo.*
   Múltiplos: *séxtuple, triple.*

106. *En [...] hay algunos pupitres [...]*
Yo no sé nada de ningún robo.
Si supiera algo, se [...]
Lo poco que [...] en ciertas ocasiones.
—¿Quieres todo? [...] un poco [...]
Debéis comer menos carne y más fruta.

107. Es incorrecta:

   ¿Has visto una ave por aquí?

108. *Después de **unos** días [...] llegó el **primero** a Madrid [...] **Todo** el mundo [...] y supo que **todos** los años [...] llevaba **una** bella joven [...] que a un **cuarto** de legua [...] las **doce,** para llevarse su presa.*

   Son numerales: *primero, una, cuarto, doce.*
   Son indefinidos: *unos, todo, todos.*

109. Respuesta libre.

110. Respuesta libre.

111. *¡Cuánta hambre [...] y cuánto se despilfarra!*
Dime quién ha llamado y qué te ha dicho.
¡Qué barbaridad!
¿Cuáles escoges?
Diles quién fue y vámonos ya.
Fíjate [...] ¡Cuántos golpes tiene!

112. *a)* V *b)* F *c)* F *d)* V

113. 1. *b)* 2. *d)* 3. *b)* 4. *b)*

114. Sólo se escriben las incorrectas.

[...] agarra por ese asa	esa asa
El [...] del Escorial es [...]	de El Escorial
Este agua no [...]	esta agua
Aquel arpa [...]	aquella arpa
[...] un buen asta izquierdo	una buena asta [...]
[...] unos astas finísimas	unas astas

115. 1. Artículos: *las, el, el.*
Demostrativos: *aquellas, aquellas, ésas.*
Posesivos: *tu, sus, sus, tu, mi, nuestros.*
Indefinidos: *otra.*
Relativos: *que, que.*

2. *qué desgracia* det. exclamativo
que esto [...] conj.
● Es muy *hermoso.* Es un **que** ponderativo.

4. Los complementos del grupo nominal. El adjetivo

116. Modelo de respuesta.

*Mi cuñada **Luisa** tiene veinte años.*
*La cuñada **de Luis** tiene veinte años.*

117. Modelo de respuesta.

*He atravesado **el río ancho** (**el río** que viste ayer;*
***el río** Duero; **un río** de África) a nado.*

118.
tu hermano	aposición
de muchas ciudades	comp. prep. del n.
enorme	complemento del n.
que viene	prop. adjetiva
el pirata fanfarrón	aposición
de Teruel	comp. prep. del n.
los Pérez	aposición

119. *En la mañana del sábado* (det.+n.+comp. prep. del n.), *la Naturaleza* (det.+n.) *se mostraba en todo su esplendor estival* (det.+det.+n.+adj.) *[...] de vida* (n.). *En todos los corazones* (det.+det.+n.) *anidaba una canción,* (det.+n.) *y [...] a los labios* (det.+n.). *El alborozo* (det.+n.) *se [...] en los rostros* (det.+n.), *y la gente* (det.+n.) *[...] andaba [...] más soltura.* (det.+n.) *Los algarrobos* (det.+n.) *estaban en flor* (n.), *y la fragancia de sus capullos* (det.+n.+comp. prep. del n.) *perfumaba el aire* (det.+n.).

120. Respuesta libre.

121. *Los veloces caballos [...]*
[...] los armarios amplios y cómodos.
[...] ágiles trapecistas.
[...] frías aguas [...]
[...] pasillo tan estrecho [...] lámpara roja.

122. Modelo de respuesta.

[...] los árboles viejos del parque.   (=sólo los viejos)
[...] los viejos árboles del parque.   (=todos)

123. *[...] cuadrada [...] muy alto [...] desnudas [...* *vivos y multicolores, grises conejos muertos [...] ro* *jos cangrejos cocidos [...] vidriado [...] guapa [...* *prietas [...] tostada [...] negros, profundos y pen* *sativos, la boca grande y sensual, la nariz fina* *dibujada, los dientes blancos. La [...] hermética* *displicente [...] dama mora.*

124. *regordete-regordeta; miserable;*
inquieto-inquieta; audaz;
cordial; inútil.

125. Respuesta modelo.

Unos adjetivos varían para expresar el género otros no.

126. Respuesta libre.

127. Respuesta libre.

128. *a)* F   *b)* F   *c)* V   *d)* F

129. Respuesta libre.

130. *bueno-mejor-óptimo; malo-peor-pésimo; grande* *mayor-máximo; pequeño-menor-mínimo.*

131. Los superlativos que tienes que haber empleado son:

el más fuerte de, fortísimo o muy fuerte;
el más pulcro de, pulquérrimo o muy pulcro;
el más célebre de, celebérrimo o muy célebre;
el más fértil de, fertilísimo o muy fértil;
el más mísero de, misérrimo o muy mísero;
el más frío de, frigidísimo o muy frío;
el más amigo de, amiguísimo o muy amigo.

132. Respuesta libre.

3. *Las playas malagueñas [...]*
Las comunicaciones marítimas [...] aéreas.
Las sesiones parlamentarias [...]
[...] la alegría juvenil.

Porque tanto el adjetivo como el complemento preposicional del nombre realizan la misma función en la oración: complemento del nombre.

4. *Los obreros accidentados [...]*
He arreglado la persiana averiada.
¿Recuperaste el chandal olvidado [...]
Las uñas gatunas [...]

Porque la proposición adjetiva equivale semántica y funcionalmente a un adjetivo.

5. Respuesta libre.

6. Modelo de respuesta.

Rodearon otro gran cúmulo [...] los dejó boquiabiertos. Sobre un ancho terreno llano [...] formas

geométricas, con setos recortados [...] de grava bien rastrillados [...] bien cuidados y rebosantes [...] a una preciosa casa de estilo antiguo y rústico. Sus paredes, blanquísimas, estaban enmarcadas y cruzadas por maderos negros [...] y las retorcidas chimeneas [...] color rojo encendido [...] muy numerosas [...] resultado notable [...] del curioso [...] hallazgo extraordinario [...] más sorprendente y la propia mansión [...] de muñecas gigantescas.

137. *En el arroyo grande [...] atascada, una vieja carretilla [...] Una niña, rota y sucia [...] más pequeño ¡ay! y más flaco que Platero [...] al grito sollozante de la chiquilla. Era vano [...] los niños valientes [...] brisas cansadas del [...]*

- *Más pequeño y más flaco que Platero.*

- *Era pequeñísimo y flaquísimo.*

- *Era el más pequeño y el más flaco del pueblo.*

Funciones del grupo nominal

38. Respuesta libre.

39. Respuesta libre.

Realizan la función de comp. del adjetivo.

40. Respuesta libre.

Realizan la función de comp. del adverbio.

41.

Luis	vocativo
Antonio	suj.
de dinero	comp. del adv.
del estómago	comp. del adv.
de galletas	comp. del adj.
de cintura	comp. del adj.
de hombre	comp. prep. del n.
de la piedra	comp. del n.
niña	vocativo

142. *a)* El sujeto es *ese dicho*.

- Un participio sustantivado.

b) Det. + n. + prep. + det. + n. (comp. prep. de un n.).

c) Porque está empleado como nombre común.

d) La palabra **búho** es colectivo porque se refiere a todos los animales de esa especie.

- La palabra **un** es femenino porque *ave* es nombre femenino.

e) Mediante los determinantes **un-una**.

f) Respuesta libre.

g)

una paloma	numeral
un señor	determinante
un niño	determinante
un chubasquero	numeral

h) Es explicativo porque al ir entre-comas adquiere este valor. Si lo suprimimos, no varía el significado de la oración.

143. *a)* EN ESTILO, NO SEA MODESTO.

Asegúrese de [...] se compra [...] Mire bien [...] Confirmará por qué [...] ya le llama.

b) te, te, te.

c)

de que	conjunción
por qué	pron. interrog.
(deportivo) **que**	pron. relativo

d) Es nombre porque lleva el artículo *la*.

e) *Un coche de diseño; los embellecedores de rueda.*

144. *a)* *En la ciudad [...] maniquíes agentes de policía. No son verdaderas mujeres [...] tamaño natural, muy hermosas [...] los coches patrulla [...] lugares estratégicos.*
Su misión es muy simple [...] al conductor temerario y poco temeroso de la [...] falsa agente [...]
[...] que una mujer guapa [...] de pescuezo colorado o de raza negra estimulan [...]

- Son explicativos *verdaderas, muy hermosas,* y *falsa* porque van entre comas o delante del nombre.

b) maniquíes **agentes** es adjetivo y *falsa* **agente** es nombre.

c) *muy guapa = guapísima* (absoluto); *muy simple = simplicísima* (absoluto).

d) *agente y expertos.*

e) Modelo de respuesta:

su misión (det. + n.); *la visión de esta falsa agente* (det. + n. + comp. prep. del n.); *de esta falsa agente* (prep. + det. + adj. + n.); *los expertos* (det. + n.); *una mujer guapa* (det. + n. + adj.)

145. *motivos:* n., m., pl.
nos: pron., pers., m. y f., pl.
correcta: adj., f., sing.
esto: pron., dem., neutro.
que-que: pron., relat., m., sing.
torpe: adj., f., sing.
medio: adj., m., sing.
mocos: n., m., pl.
estos: pron., dem., m., pl.
llanto: n., m., sing.

que: pron., relat. m. sing.
uno: pron., indef., m., sing.
usted: pron., pers., m. o f. sing.
mismo: det., indef. m., sing.
esto: pron., dem., neutro.
imposible: adj., sing.
un: det., indef., m., sing.
esos: det., dem., mas., pl.
estrecho: n., m., sing.
los que: pron., relat., m., pl.
ambas: det., numeral, f., pl.
cuarto: n., m., sing.
tres: det., numeral, m., sing.

2. *Los niños:* det. + n.; *la manga del saco* det. + n. + comp. prep. del nombr (prep. + det. + n.); *la cara:* det. + n.

146. 1. **herida** (n.); **latir** (v. sustantivado); **se** (pron pers.); **qué** (det. interrog.); **palidez** (n.); **sedien tos** (adj.)

2. Respuesta libre.

3. Respuesta libre.

6. El verbo, núcleo del predicado

147. *[...] asegura estar [...] puede funcionar. Ni [...] consigue [...] manchan el fotograma. Colorear [...] por poner [...] sería [...] conseguiría la [...] perderían [...] Es como poner [...] deforma lo natural.*

148. *est-ar; pued-e; funcion-ar; consigu-e; manch-an; colore-ar; pon-er; s-ería; consegu-iría; perd-erían; es* (no se puede separar, es irregular); *pon-er; deform-a.*

149. *asegura* (3.ª, sing.); *manchan* (3.ª, pl.); *decidir* (no tiene ni pers. ni número); *finalizados* (no tiene pers., pl.); *perdería* (1.ª o 3.ª pers. sing.); *hubisteis dormido* (2.ª pers. pl.).

150. *a)* V *b)* F *c)* V *d)* V.

151. *hab-ías terminado* (2ª, sing.); *devolv-ía* (1ª y 3ª, sing.); *hub-ieron observado* (3ª, pl.); *cos-eremos* (1ª, pl.).

152. *¡Si estuviera [...]!* (un deseo)
Insistió (un hecho real) *[...] esperáramos [...]* (un deseo)
No salgáis [...] diga. (un ruego o mandato)
Dudo (un hecho real) *[...] cumpla [...]* (duda)
Puesto que llegas (un hecho real) *[...] quiero* (un hecho real) *[...]*

153. *Pasé* (perfecto) *[...]; Cuando estudiaba* (imperfecto) *[...] trabajaba* (imperfecto) *[...]; ¿Habrás terminado* (perfecto) *[...]; Aunque habéis estudiado* (perfecto) *[...] sabéis* (imperfecto) *[...]*

Son formas de aspecto perfecto las compuestas y el pretérito perfecto simple.

154. *traería* (1.ª, sing., indic., aspecto imperf.); *supiera* (1.ª, sing., subj., aspecto imperf.); *está* (3.ª, sing.; indic., aspecto imperf.); *acostumbréis* (2.ª, pl., subj., aspecto imperf.); *haga* (1.ª, sing. subj., imperf.); *llegarás* (2.ª, sing., indic., imperf.); *eres* (2.ª, pers., sing., indic., imperf.)

155. *obten-ían:* 3.ª, pl., pret. imperf. indic., aspecto imperf.
rebusc-an: 3.ª, pl., pres. indic., aspecto imperf.
engañ-arían: 3.ª, pl., condicional, indic., aspecto imperf.
hay-áis concluido: 2.ª, pl., pret. perf. subj., aspecto perf.
hub-ieron observado: 3.ª, pl., pret. anterior, indic., aspecto perf.
hab-rán caminado: 3.ª, pl., fut. indic., aspecto perf.

156. *luchar, luchando, luchado-haber luchado, habiendo luchado; beber, bebiendo, bebido-haber bebido, habiendo bebido; vivir, viviendo, vivido-haber vivido, habiendo vivido.*

57. 1 CAMINE; 2 HUBISTEIS SUFRIDO; 3 AYUDARÍA; 4 HAYAS ESTUDIADO; 5 COMIEREN; 6 HUBIÉRAMOS DORMIDO

58.

¿Terminasteis [...]?	interrogativa	indic.
Tal vez viva [...]	dubitativa	subj.
Ojalá comiéramos [...]	desiderativa	subj.
No subáis [...]	imperativa	subj.
Venid [...]	imperativa	imper.
Ayer sufrí [...]	enunciativa	indic.

Se emplea el modo indic. en las enunciativas e interrogativas; el imperativo en las imperativas afirmativas; y el subjuntivo en las dubitativas, desiderativas e imperativas negativas.

59. *No os acerquéis todos a la puerta; No me llames antes de las nueve.*

Se emplea el presente de subjuntivo al ser un mandato en forma negativa.

60. *Ayer llegaste demasiado tarde.*
Bailad todos un rato.
Reíos, ¡ya lloraréis!
Venga, vestíos rápido, que es tarde.
¿Cuando estuviste en Madrid viste el metro?
No hagáis tanto ruido.

61. *fue:* 3.ª, sing., pret. perf. simple, indic., perfecto.
hubo desaparecido: 3.ª, sing., pret. anterior, indic., perfecto.
reunían: 3.ª, pl., pret. imperf., indic., imperfecto.
era: 3.ª, sing., pret. imperf., indic., imperfecto.
bastaban: 3.ª, pl., pret. imperf., indic., imperfecto
Habían inventado-Habían seguido-habían hecho: 3.ª, pl., pret., plusc., indic., perfecto.
estuviera: 3.ª, sing., pret. imperf., subj. imperfecto
había resultado: 3.ª, sing., pret., plusc. indic. perfecto
parecía: 3.ª, sing., pret. imperf., indic., imperfecto

62. acertar IR caer IR dar IR poder IR andar IR llevar R aterrizar R predecir IR adquirir IR ceñir IR zurcir R comprender R abrir R descifrar R zumbar R reír IR querer IR oír IR conocer IR concluir IR comer R almorzar IR cenar R sudar R

63. Modelo de respuesta.

Cuando estuve en Alemania vi Berlín.
Si durmieras ocho horas, harías mejor tus tareas.
Hoy no saldré contigo, porque otros días me rehúyes.
Aquí yo quepo, aunque sea de pie.
Si no dijeras mentiras y no nos pusieras en ridículo, te vería más a menudo.
Terminamos de comer y Luis no apareció.
Quien mal anda mal acaba.
Mientras hagas tan deprisa tus dibujos, no podrán salirte bien.

164. Respuesta libre.

165. *sea; fueras o fueses; haría; saldremos; cupieras o cupieses; pongan*

166. Respuesta libre.

167. El sujeto tiene que ir en plural porque el verbo va en plural.

168. *a)* V *b)* V *c)* F *d)* F

169. Respuesta libre.

170. *atento-atender-atendido*
concluso-concluir-concluido
confeso-confesar-confesado
confuso-confundir-confundido
convicto-convencer-convencido
correcto-corregir-corregido
despierto-despertar-despertado
harto-hartar-hartado
maldito-maldecir-maldecido
provisto-proveer-proveído
suspenso-suspender-suspendido
tuerto-torcer-torcido

171. Sólo aparecen subrayados los usos incorrectos.

Este año he rompido [...]
Abole las leyes
Cuando nos agreden
¿Habéis escribido [...]?

172. *Los campos fueron arrasados por una tormenta.*
Quizá el coche haya sido ya arreglado por el mecánico.
Toda la verdad había sido dicha por mi hermano.

173. Respuesta libre.

174. *Por fin, las puertas de Europa se han abierto a los españoles.*
Últimamente se construyen casas con peores materiales.
En algunos países los robos se castigan con penas durísimas.

175. Respuesta libre.

176. Respuesta libre.

177. *Claudia no se lava [...]* (reflexivo) *y ahora se queja* (pronominal) *[...] Jorge y Nieves se quieren* (recíproco) *[...] se enfadan* (pronominal) *[...] se odian* (recíproco).
Cuando se decida (pronominal) *[...] se jactará* (pronominal) *[...]*
Los jóvenes se vanaglorian (pronominal) *[...], pero se avergüenzan* (pronominal) *[...]*

178. Respuesta libre.

179. *a)* V   *b)* V   *c)* F   *d)* V

180. *Alfanhuí iba [...] y comía [...] o subía a comer con [...] bajaba a darle... subía, [...] ponerse el sol, y dejaba a [...] tenía en [...], donde había pesebres excavados en [...] resguardaban [...] llovía. Pronto aprendió Alfanhuí a conocerlos [...] veían su cabeza asomar por [...] encaminaban todos [...] abriera. Y le saludaban con [...] les rascaba [...] les acariciaba las [...] salía era [..] que iba a ponerle [...] olía.*

Alfanhuí iba a veces saltando delante [...] había que pasar tollas o vadear [...] le esperaba [...] se montaba...

- *subía a comer; bajaba a dar; aprendió a conocer; iba a ponerle; iba saltando;*

- *había que pasar* (es perífrasis porque el verbo en forma personal ha perdido un significado léxico).

181. *a)* F   *b)* F   *c)* F   *d)* V

182. *El coche debe estar [...]*   obligación
El coche debe de estar [...]   probabilidad

183. Respuesta libre.

184. *Hemos de finalizar [...]*   modal de obligación
Una [...] venía a durar [...]   modal de probabilidad
Debe de haber llegado [...]   modal de probabilidad
¿Os estáis vistiendo todavía?   aspecto durativo
Mamá está escribiendo [...]   aspecto durativo
Ana lleva aprendidas [...]   aspecto resultativo
Cuando [...] rompió a llorar.   aspecto incoativo
Al [...] puso a silbar.   aspecto incoativo
Mi [...] sigue creyendo [...]   aspecto durativo

185. *voy a acostarme*   aspecto ingresivo
debes pagar   modal de obligación
voy a ir   aspecto ingresivo
tendré que estudiar   modal de obligación
estoy estudiando   aspecto durativo
sigues jugando   aspecto durativo
debe de ser   modal de probabilidad

7. Los complementos del predicado

190. *Durante la cena mi hermano se puso enfermo.*

Dentro de una semana comenzarán las vacaciones.

¿Ha llegado Luis de América?

186. Las informaciones gramaticales del verbo van en la desinencias en las formas simples y en **el auxiliar en** las formas **compuestas**.

El aspecto **informa** sobre si la **acción es acabada** *o* inacabada.

Las voces del verbo son **activa** y **pasiva**, y también se habla de **voz media** con los verbos pronominales.

Para determinar si un verbo es **regular** o **irregular**, se recurre a la **conjugación** de los tiempos **presente de indicativo, pretérito perfecto simple** y **futuro de indicativo**.

187. Los usos incorrectos se omiten.

La policía lleva prendido-preso al ladrón.
Seguramente los perros andan sueltos.
He maldecido mil veces el día que te conocí.
Por esta cojera estoy eximido-exento de gimnasia.
Estamos hartos de tus caprichos.
Ya he corregido el ejercicio.
¿Has freído-frito los huevos?
Los diputados elegidos-electos han ocupado su escaño en el Congreso.

188. *Se hizo de noche [...]*   impersonal
Ramón se cepilla [...]   reflexivo
Ana y Jorge se ven...   recíproco
En el [...] se fabricaron [...]   pas. refleja
Luisa no se ilusiona [...]   pronominal
Se dicen muchas [...]   pas. refleja
Mi hija se mira [...]   reflexivo

189. Son regulares: **hablaba, debe, hablar, quitaba, asegura, guardar, miró, presentar, camina, presentó, alegrarse, habló, preguntó, caminar, responder.**

Son irregulares:

- **iba, era, tenía, pertenecía, había, podía:** 3.ª, sing. pret. imperf., indic.
- **decir, ver, creer:** infinitivos
- **diciendo:** gerundio
- **di:** 2.ª, sing. imperativo
- **venga, sea:** 3.ª, sing., pres. subj.
- **irá, estará:** 3.ª, per., sing., fut. indic.
- **fue:** 3.ª, sing., pret. perf. simple, indic.
- **tuvo, dio, pareció:** 3.ª, sing., pret. perf. simple, indic.
- **puedo:** 1.ª, sing. pres. indic.
- **es:** 3.ª, sing., pres. indic.
- **creía:** 1.ª, sing. pret. imperf., indic.
- **había visto:** 1.ª, sing., pret. plusc. indic.

Son perífrasis: *debe hablar; tenía que creerlo*

¡Hemos pasado a la final!

El árbitro actuó con honestidad.

191. Respuesta libre.

2. Respuesta libre.

3. No se tienen en cuenta las oraciones que no tienen CD.

> [...] previenen muchas enfermedades.
> ¿Eligieron [...] a Isabel?
> [...] haya preparado [...] la merienda [...]
> [...] lanzó almohadillas [...]
> ¡Habéis ganado la copa [...]!
> ¿Trajeron los flores [...]?

94. Respuesta libre.

95. Una bicicleta viejísima ha sido comprada por ti.
El líder fue aplaudido por el público.
Esta muñeca fue ganada por mí en la tómbola.
Toda la cama no es cubierta por esta colcha.
¿La película fue grabada por Antonio?

96. Respuesta libre.

97. [...] una inyección dolorosísima.
¿[...] la ropa de verano?
[...] la casa de la sierra [...]
[...] a sus amigos [...]
[...] el coche [...]
[...] la guitarra y el piano (CD múltiple).
[...] una arenga sublime.

198. Respuesta libre.

199. Ana guardaba los pasteles para su hermano.
No des caramelos al niño.
Eligieron el regalo para la boda.
Ya hemos comprado el bolso a mamá.
El capitán dio un permiso a mi hermano.

200.

para nosotros	Nos lo ha guardado.
para todos vosotros	Os manda saludos.
para ti	Te ha dejado esto.
a mis hermanos	Les envié el regalo.

201. Respuesta libre.

202. En esta oración el sujeto está omitido y es ellos (los ladrones).

El predicado verbal es le han robado a mi primo Jacinto el coche nuevo, que tiene un núcleo han robado, un complemento directo, que es el coche nuevo y un complemento indirecto que es a mi primo Jacinto. La estructura del CD es det. + n. + adj. y la del CI es prep. + det. + n. + aposición.
El pronombre personal le se refiere al CI, que está expresado, es, por tanto, un pronombre redundante.

203. El jueves (tiempo) iré con mi madre (compañía) al médico (lugar).
Ana está en la cama (lugar) por la gripe (causa).
He arreglado la moto con los alicates (instrumento).
Esto no vale ni un duro (cantidad) [...]
Ven conmigo (compañía) al cine (lugar).
Chocaron en la carretera (lugar) con un árbol (medio).
Habla por los codos (cantidad), incluso en clase (lugar).

204. Respuesta libre.

205. Respuesta libre.

206. El sujeto es el profesor, constituido por det. + n.

El PV tiene como núcleo el verbo entregó y lleva los complementos:
directo: los apuntes de matemáticas; indirecto: a Luis, tu hermano; circunstancial: el otro día.

Estos complementos presentan las siguientes estructuras:

● el CD: det. + n. + comp. prep. del nombre (de matemáticas)
● el CI: prep. + n. + aposición
● el CC: det. + det. + n.

207. Salió precipitadamente (modo) [...]
Verdaderamente (afirmación) [...]
¿Acaso (duda) [...] no (negación) [...]?
Llegamos tarde (tiempo) [...]
A diario (tiempo) [...] de punta en blanco (modo).
Yo vivo bastante lejos (lugar) [...]
Siempre (tiempo) [...] a salto de mata (modo).
En breve (tiempo) [...]

208. No me regales más discos, ya tengo bastantes.
No comas más, ya has comido bastantes cosas.
Bebe menos, te va hacer mucho daño.

209. Respuesta libre.

210.

oblicuamente (lugar)	*antiguamente* (tiempo)
medianamente (cantidad)	*santamente* (modo)
seguramente (afirmación)	*felizmente* (modo)
realmente (afirmación)	*probablemente* (duda)
recientemente (tiempo)	*enormemente* (cantidad)
guapamente (modo)	*efectivamente* (afirmación)
lateralmente (lugar)	*minuciosamente* (modo)

211.
por su hermano
por los escolares
por todos los vecinos
por la gente
por el ordenador

212. Respuesta libre.

213. Respuesta libre.

214. Respuesta libre.

215.
[...] las gafas (CD) *en clase* (CC).
Coincidí con Luis (CC) *[...]*
[...] con el dinero público (CC).
[...] de nada (suplemento).
[...] de la vuelta de mil pesetas (supl.).
[...] de todos (CA).
[...] de migas (supl.).

216.
[...] está solitario (adjetivo).
[...] son de Almería (comp. prep.).
[...] estamos todos muy cansados (adj.).
Serás un gran futbolista (GN).
[...] está frío (adj.).
¡[...] he estado tan contento! (adj.)
[...] es mío (pron.).

217. Respuesta libre.

218. Respuesta libre.

219. Respuesta libre.

220.

[...] estuvieron atentos [...]	PN
¿Todavía están [...]?	PV
[...] es una fiesta nacional.	PN
El disco está dentro [...]	PV
Quien no dice la verdad es [...]	PN
Estos libros son los tuyos.	PN
Luis está en Cáceres [...]	PV
[...] no son de Alicante.	PN

221.

Antonio nos esperó aburrido [...]	(al suj.)
[...] gritaron indecente al torero.	(al CD)
[...] culpable a mi hermano.	(al CD)
[...] la corbata impecable.	(al CD)
[...] cobarde [...]	(al suj.)
Descansa tranquila la enferma.	(al suj.)

222. Modelo de respuesta.

*Todos comenzaron la carrera **entusiasmados**.*
*Siempre dejáis la puerta **medio abierta**.*
*El jefe ha considerado a Irene **idónea** [...]*
*Los árboles florecen **alegres** [...]*
*Hemos comido **satisfechos** [...]*
*La derrota dejó al equipo **desmoralizado**.*

223. Respuesta libre.

224.
*Nadó **orgulloso** (CP) [...]*
*La reunión es **en la parroquia** (CC).*
*Ana anda **muy triste** (CP) [...]*
*Estamos a **diez de julio** (CC).*
*Se puso **rojo** (atri.) [...]*
*[...] es **muy desagradable** (atri.).*
*Circulamos **atentos** (CP) [...]*
*Parecía [...] **alemán** (atri.).*
*Me devolvió [...] **rota** (CP).*
*Observamos [...] **impasibles** (CP).*
*[...] resultaron **muy mansos** (CP).*
*Juana anda **descalza** (CP) [...]*

225.   *a)* F   *b)* V   *c)* V   *d)* F   *e)* F

226.
*Llévale **esta tarde** (CC) **a tu tío** (CI) **esta cesta de uvas** (CD).*
*Aquel dependiente **me** (CI) ha vendido una **lavadora** (CD) **estropeada** (CP).*
*Nos (CI) ha comprado **la casa** (CD) **por doce millones** (CC) .*
*Desde **nuestra habitación** (CC) mi hermano y yo vemos **perfectamente** (CC) **la sierra** (CD).*
*Voy a pedir **un aumento de paga** (CD) **para mi hermana** (CI).*
*Luisa llama **por teléfono** (CC) **todos los días** (CC) **a sus amigas** (CD).*
*Este edificio se arregló **por orden de la autoridad** (CC).*
*¿Han estado **tus padres** (Suj.) **en el zoo** (CC) **alguna vez** (CC)?*
*¿Ha estado **enfermo** (Atr.) **tu hermano** (Suj.) **todo el verano** (CC)?*
*Hoy (CC) no traigo **nada** (CD) **para ti** (CI).*
*Este jamón es **de la sierra granadina** (Atr.).*
*Por fin (CC) **la fiesta** (Suj.) será **en casa de Ana** (CC).*
*¿Te (CI) lavas **los dientes** (CD) **todas las noches** (CC)?*

Me (CI) *he comido* **dos filetes** (CD) *a mediodía* (CC).

¿No da flores (CD) **este rosal** (Suj.) *en primavera* (CC)?

Luisa ha cometido **una grave falta** *(CD) en el colegio* (CC).

Nos (CD) *peleamos* **Ana y yo** (Suj.) *en el recreo* (CC).

Le (CI) *propinaron* **una soberana paliza** (CD) *entre todos* (Suj.).

¿Te (CI) *han roto* **tus amigos** (Suj.) *el jersey* (CD) *en la fiesta* (CC)?

Discutieron **toda la tarde** (CC) *de fútbol* (Supl.).

Discutieron **ayer** (CC) *por el fútbol* (CC).

Te burlas **de nosotros** (Supl.) *sin ningún motivo* (CC).

El abuelo fue atendido **por todos los nietos** (CA).

227. Respuesta libre.

a) *Ahora* (CC de tiempo) *los televisores* (Suj.) *se manejan* (núcleo del PV) *fácilmente* (CC de modo) *con el telemando* (CC de instrumento).

b) *Esta paella* (Suj.) *ha sido cocinada* (núcleo del PV) *por mi padre* (CA) *con mi ayuda* (CC compañia)

Significado y uso de las formas verbales

28.

[...] difícil de solucionar.	C. del adj.
¿[...] la piedra de afilar?	C. del n.
El fumar es [...]	Sujeto
Decidí decírselo [...]	CD
Lamento habértelo dicho [...]	CD
Se avergonzó de haber comido [...]	Supl.
Querer (Suj.) *es poder* (Atr.).	
Es el momento de festejar [...]	C. del n.

29. Modelo de respuesta.

Levantaos **todos** *[...]*
No comáis **tan deprisa** *[...]*
¡A dormir [...]!
Poneos [...] a la cola.
No juguéis [...]
Eso es, manchaos [...]

30. Modelo de respuesta.

Me agrada **que te vea** *(yo).*
Quiero **que (yo) le agrade.**
Deseo **que se duerma** *(el niño).*
Lo hizo sin **que lo quisiera** *(él).*
Te vi **que llegabas** *(tú) [...]*

31. *No quiero molestar* (CD) *(yo).*
El tocar (Suj.) *(alguien) [...]*
Te escuché gritar (CD) *(tú) [...]*
Se arrepintió de decir (Supl.) *(él) [...]*
Lamento haberte (CD) *(yo) [...]*
Se jactó de insultarme (Supl.) *(él) [...]*
¿Consiguió acompañaros (CD) *(él) [...]?*

32. Modelo de respuesta.

Canta haciendo gorgoritos.	modal
[...] tu perro comiéndose [...]	modal
Mandándolo [...]	condicional
Riéndote asi [...]	condicional
[...] sintiéndose desautorizado [...]	causal

[...] protestando.	modal
Previendo [...]	causal

233. Son usos inelegantes porque son gerundios de posterioridad:

rompiéndose una pierna;

234.

cansado de esperar	causal
ya caducadas	adjetivo
dado su carácter	causal
será inaugurada	voz pasiva
hervida	adjetivo
quedó abierta	adjetivo

235. Respuesta libre.

236. El sujeto va entre paréntesis.

[...] cantando.	(este canario)	CC de modo
[...] oyendo música [...]	(mi hijo)	temporal
[...] refunfuñando [...]	(el gato)	modal
Llegando la noche [...]	(la noche)	temporal
Viendo el partido [...]	(yo)	condicional
Viniendo tú [...]	(tú)	condicional
Repartiendo tú [...]	(tú)	condicional
Aprobando Física [...]	(yo)	condicional

237.

¿Qué comes?	durativo
Recoge	futuro
[...] tú friegas.	mandato
Picasso nace [...]	histórico
El próximo mes tengo [...]	futuro
¿Vosotros vais [...]?	futuro
Vosotros aguardáis [...]	mandato
Hoy me levanto [...]	histórico
se me cae el	histórico
café y llego [...]	histórico
[...] cuatro es dieciséis.	intemporal

215

238. Ahora que estaba [...]   contrariedad
[...] cuando ya salía.   conato
Antes veía [...] no leía.   pasado de aspecto imperf.
¿Pensaba [...]?   cortesía
Si [...] te acompañaba.   condicional
¿Quería [...]?   cortesía
Si [...] te nombraban [...]   condicional

239. Modelo de respuesta.

¡En mi vida **he conocido** [...]!
En este curso sólo **he aprobado** [...]
El verano pasado no **fui** [...]
Esta primavera **ha hecho** [...]
La semana pasada **estuve** [...]

240. a) V   b) V   c) F   d) V

241. El lunes se nombrará [...]   futuro
No verás [...]   mandato
Será [...]   probabilidad
Mañana traeréis [...]   mandato
¡Te tomarás [...]!   mandato
Ese [...] le dolerá [...]   cortesía
Todo eso nos costará [...]   probabilidad

242. [...] ahora viviría [...]   probabilidad
Querría conocer [...]   cortesía
Serían [...]   probabilidad
[...] no habría metido [...]   probabilidad
Ustedes dirán [...]   cortesía
¿No le importaría [...]?   cortesía
[...] habrás encontrado [...]   probabilidad
Este edificio tendrá [...]   probabilidad

243. Respuesta libre.

244. El valor del condicional sería de probabilidad.

245. Quizá te llame [...]   futuro
Aunque le hubieras dicho [...]   pasado
hubiera creído.   pasado
Si me pidiera disculpas [...]   futuro
Aunque caigan chuzos [...]   futuro
[...] entregara este [...]   presente
[...] esperara y yo [...]   pasado
[...] hayas ganado [...]   pasado
Que lo hiciera o no [...]   pasado
[...] que hubiera ido [...]   pasado
Con que lleguemos a [...]   futuro
Si no gritaras [...]   presente

246. Respuesta libre.

247. a) V   b) F   c) F   d) V

248. El verbo posee formas **personales** que proporcionan información sobre la persona del coloquio que realiza o recibe la acción y formas **no personales** que carecen de ella.

Las formas **no personales** tienen la **facultad** de poder emplearse como **nombre y verbo** el infinitivo, como **adjetivo y verbo** el **participio** y como **verbo y adverbio** el gerundio.

Cuando funcionan como **verbo** y no forman parte de una perífrasis, pueden conmutarse por una construcción **personal,** puesto que constituyen una proposición.

249. Vosotros **esperáis** [...]   mandato
Esta semana **he salido** [...]   pasado y per
[...] si la **admitíais** [...]   futuro
[...] no **aparquen** [...]   mandato
¿**Querrá** usted [...]?   cortesía
[...] **rellena** [...]   mandato
[...] **habrá visto** usted [...]   probabilidad
[...] ya me **iba.**   conato
Juguemos [...]   futuro
No **pongas** [...]   mandato
[...] se **juega** la final [...]   futuro
Lo **habrás roto** [...]   probabilidad
[...] Luisa **tendría** [...]   probabilidad
El próximo año **voy a** [...]   futuro
Deseaba usted [...]   cortesía
[...] y cuatro es ocho.   pres. intempo
No **vengas** antes [...]   mandato
Si **estudiaras,**   futuro
te **evitabas** [...]   condicional
Anoche **llaman,** salgo [...]   pres. histórico
¡A **callar** [...]!   mandato

250. **Fernando.**—¿Qué tengo yo que ver (perífrasis modal) [...] Y vosotros os **metéis** (habitual) [...] para subir (verbo) solos [...] que puedo subir (nombre y verbo) solo y **subiré** (fut.).
Urbano.—¿Se **puede** (durativo) uno reír? (n. y v.)
Fernando.—Haz lo que te **dé** (pres. de subj., fut.) la gana.
Urbano.—Escucha, papanatas. Para subir (v.) [...] **tendrías que trabajar** (perífrasis modal) [...] podrías faltar (n. y v.) [...] como **has hecho** (tiempo pasado y aspecto perfecto) [...]
Fernando.—¿Cómo lo **sabes?** (durativo)
Urbano.— [...] ¡Y **déjame** (mandato) continuar (n. y v.). No **podrás** (mandato) tumbarte (n. y v.) a hacer (v.) [...] ni a pensar (v.) [...]; buscarías (fut.) [...] para redondear (v.) [...] te acostarías (probabilidad) [...] de ahorrar (n. y v.) [...] tendrías que ahorrar (perífrasis modal) [...] quitándolo (v. y adv.) Y cuando **llevases** (fut.) [...] haciendo, ensayando, buscando (v. y adv.) [...] por verte (n. y v.) solicitando (v. y adv.) [...] para no morirte (v.) [...] No **tienes** (durativo) [...]

251. 1. b)   2. d)   3. c)   4. a)   5. c)   6. d)   7. c)

252. *Esta [...] por él* (CA) *solito.*
[...] nos (CD) *vemos [...]*
A mí (CI) *sólo me* (CI) *[...]*
Nos (CD) *vio y no nos* (CD) *[...]*
¿Le (CI) *diste [...]?*
¿Os (CD) *han avisado [...]?*
Ha hecho [...] para él (CI) *solo?*
A ustedes (CD) *les* (CD) *[...]*
¿Les (CI) *[...] te* (CD) *[...]?*
¡Se (CD) *baña [...]!*
¿Ya os (CI) *[...]?*
[...] de nosotros (Supl.) *[...]*
¡Te (CI) *la* (CD) *[...]!*
Ven conmigo (CC) *[...]*
¡Vete con él (CC) *[...]!*
Dale (CI) *a Ana [...]*
Pégame (CI) *[...]*
Pégale (CI) *[...]*
Os (CD) *quiero [...]*
¿Os (CI) *han dado [...]?*
Con vosotros (Supl.) *[...]*
¿Hablabais de mí (Supl.)?

253.

se vive	impers.
se arrepintió	voz media
se desespera	voz media
se admiten	pas. refleja
se rasca	reflexiva
se despertó	reflexiva
se dirige	voz media
se venden	pas. refleja
se besan	recíproca
se puso	reflexiva
se queja	voz media

254. *Hasta la diez estábamos todos **tan tranquilos*** (Atr.).
*Luisa bailó **alegremente** (CC) **toda la tarde*** (CC).
*Hemos recogido el laboratorio **entre Berta y yo*** (Suj.).
El domingo** (CC) nos espera Ana **en su casa (CC).
*Dentro de ocho días llegará **Antonio** **de Londres*** (CC).
*¿Encontró Luis **el anillo** (CD) **en el lavabo*** (CC)?
*Encontré **a Luis** (CD) **cansado** (CP) **de tanto estudiar*** (CC).
*Yo no soy **de Santander*** (Atr.).
*Ven **conmigo** (CC) **al teatro*** (CC).
*Mi padre ha comprado **ya** (CC) una cazadora **para mi hermano*** (CI).
Allí** (CC) hablamos **de todo** (Supl.) **un poco.
*Esta comarca se denomina **«Tierra del pan»*** (CP).
*La raíz cuadrada de cien es **diez*** (Atr.).
A estas horas** (CC) Jorge no estará **en casa (CC).

*Esta chica parece **medio tonta*** (Atr.).
*Espérame **a la salida de clase*** (CC).
*Berta no tiene confianza **en sí misma*** (CC).
*¿Está **satisfecho** (Atr.) **tu padre** (Suj.) **con las notas de Luis*** (C del nombre)?
*La construcción del auditorio se aplazará **por dos meses*** (CC).
*La limpieza del parque se hará **por los vecinos*** (CA).
*Se encontraron **por casualidad** (CC) en el super-mercado.*
*La asamblea es **en la biblioteca*** (CC).
*Berta está todavía **en cama** (CC) **por la gripe*** (CC).
*Esta niña es **de Huelva*** (Atr.).
*Ana está **enferma*** (Atr.).
*Esta raqueta no vale **tres mil pesetas** (CC), como dices.*
*El ganador saludó **a todos** (CD) **sonriente*** (CP).
*Jorge, **triunfador** (C. de nombre), sonrió **a todos*** (CI).
*Ahora se ven **muchos coches extranjeros*** (Suj.).
*En esta finca hay **restos arqueológicos*** (CD).
*En esta finca había antes **un pozo*** (CD).
*En este pueblo se han visto **ovnis** (Suj.) **muchas veces*** (CC).
*¡Este coche es **de Rusia** (Atr.)!*

255.
1. *informe; absurda; benévolos; poco*
2. *la noche, el aire, los árboles*
3. Complemento predicativo. El infinitivo también es predicativo.
4. *se daría por contento*
5. *sin resistencia de tu parte* es CC de modo; *de tu parte* es C. del nombre.
6. CD
7. *a la benevolencia*
8. *hay que reconocer, hay que reconocer* (modales de obligación);
sigue durmiendo, seguir durmiendo (aspectuales durativas).

256. a) *El coche más pequeño es también el mayor.* Es un PN; también modifica a toda la oración.

b) *Aquí se venden chalés amueblados.*
 • es de pasiva refleja porque tiene sujeto
 • la palabra *amueblados* es C. predicativo

c) *CABELFORT, éxito científico contra la caída del cabello.*
 • el verbo *es*
 • *contra la caída del cabello* es C. prep. del nombre

217

d) *¿Qué tipo de mujer eres?*
  - el sujeto es *tú*
  - el atributo es *qué tipo de mujer*
  - *qué* es un determinante interrogativo

e) *Nadie ha hecho todavía un placer del conducir, sólo...*
  - CD: *un placer de conducir; de conducir* C. del nombre

- con un nombre porque sería el sujeto de la proposición siguiente.

f) *¿Se imagina nacer con cuatro ojos?*
  - CC de modo
  - no forman una perífrasis porque el verbo *imaginar* conserva su significado propio
  - el pronombre *se* es reflexivo

9. Oración simple y oración compleja

257. 1. Hay **dos** oraciones simples y **dos** complejas. Las oraciones se señalan en la lengua escrita mediante puntos. La oración simple tiene un solo sujeto y un solo predicado.

2. Hay cuatro proposiciones. Subrayamos el sujeto.

   Mide la sal nuestro gusto,
   mide el temblor nuestra oreja,
   mide el calor nuestra mano,
   miden mis ojos tu ausencia.

3. El verbo **es.**

4. *ser* y *medir;* no forman perífrasis; una oración compleja porque las formas no personales si no forman perífrasis constituyen una proposición.

258. El sujeto esta omitido, el pronombre personal [**él**] y el predicado **no lo dice a nadie**, que presenta la siguiente estructura:

- núcleo: **dice;** CD: **lo**, pron. pers.; CI: **a nadie,** pron. indef.

Esta proposición es **enunciativa negativa, bimembre, predicativa y transitiva.**

259. Modelo de respuesta.

Eres tonto o lo pareces.	coord.
Tanto va [...] que se rompe	subord.
Come con nosotros si quieres.	subord.
Prometió que estaría [...]	subord.
Aunque lo sabía, no dijo nada.	subord.
Das demasiado rodeos al asunto [...]	coord.

260.

Apaga la [...]	subord.
He perdido [...]	subord.
Llegó [...]	coord.
Levantaos [...]	subord.
Este hombre [...]	subord.
Fuimos [...]	coord.

261.

Claudia y Ramón	Suj.
contenta y feliz	Atr.
cerveza o agua	CD
ni el pan ni el periódico	CD
para Ana y Juan	CI

262.

¿[...] te duele mucho o exageras?	coord.
Fuimos [...] pero no nos bañamos.	coord.
Me dio [...] para que comprara [...]	subord.
No come; devora.	coord.
Cuando se enfada [...]	subord.
Te lo cuento como lo escuché.	subord.
Te he regalado [...] porque no [...]	subord.

263. Respuesta libre.

264.

Padece de fuertes dolores [...]	V + Prep + N
[...] bien de todo el mundo.	Adv + Prep + N
Vuelve a casa [...]	V + Prep + N
[...] deseoso de regresar.	Adj + Prep + V
[...] habitación de mi hermana.	N + Prep + N

265. Modelo de respuesta.

Si hubiera nacido en Sevilla [...]
Con que estudiaras tres horas diarias [...]
Cuando sonaron las doce [...]
Para que se sea arquitecto [...]
Después de que acabara la reunión [...]

266. *a)* V   *b)* V   *c)* F

267. Respuesta libre.

268.

llega a la noche	tiempo
ante el juez	lugar
vive del cuento	modo
discuten de fútbol	asunto
con el martillo	instrumento

en el recreo	tiempo
está en la estación	lugar
lo he dicho en broma	modo
estamos entre dos luces	modo
viene hacia aquí	lugar
salimos para Barcelona	lugar
esto es para Juan	finalidad
cerrado por vacaciones	causa
casarse por poderes	modo
llamó por teléfono	instrumento
se quedó sin comer	modo
según se lo indicaron	modo

269. Modelo de respuesta.

Y en medio de [...] una mesa con un mantel [...] por la plancha, de la señora del pelo [...] (el único de [...]) leía por las noches [...] de planchar. La pared del lavabo y la pared de la ventana [...] de borra por la humedad [...] de la pared abajo. Al lado de esta [...] al fondo del pasillo [...] de las carcomas [...] A la bañera [...] y hecha de azulejos de Valencia [...] con las puntas [...] y con muchos [...] en pleno [...] con ducha, porque para llenar [...]

270. Elige la respuesta correcta.

1. *a)*   2. *a)*   3. *b)*   4. *c)*

271.

lo hice para fastidiar	finalidad
viene con su hermana	compañía
lo vendió por treinta pesetas	cantidad
llegará en primavera	tiempo

está fabricado con cemento	materia
duerme sin almohada	modo
trabaja en Zaragoza	lugar
llora de rabia	causa
corta la cuerda con la navaja	instrumento

272. *Ahora parece | que nos utilizan [...] | Nos azotan con frecuencia, | nos ponen [...] | y nos hacen | tragar [...] | para hacer [...] | Los hombres [...] cuando nos cogen | nos atraviesan [...] | y nos dan [...] |*
Somos tranquilos y dulces, | nuestro placer es | tocar [...]; | no nos sentimos [...] | quisiéramos | que se nos tuviera afecto, | y nos pesa la soledad | cuando [...] en que moramos | oímos el [...]

2.

en sus hechizos	lugar
con frecuencia	tiempo
para hacer supuestos	finalidad
de sangre	materia
con una rama	instrumento
en el crepúsculo	tiempo
en el agujero	lugar
en que moramos	lugar
de nuestro corazón	propiedad

3.

las brujas	Suj.
unos capotillos molestos	CD
esos animales sanguinarios	Aposición
una agonía lenta	CD
nuestro placer	Suj.
la soledad	Suj.

4. *Ahora parece [...]*

10. Proposiciones coordinadas

273. Modelo de respuesta.

Ni acepté el trabajo ni lo hice en casa.
Ni canta ni baila bien.
Ni habla poco ni habla a destiempo.
Ni quiero ni puedo hacerlo.
Ni pienses la situación ni decidas nada.
Ni se casaron ni vivieron felices.

274.

¿Quieres [...] o prefieres [...]?	disy.
Ni comes ni dejas comer.	copul.
Llegaron a las ocho y a las [...]	copul.
Ni Ana [...] ni Luis ha fregado.	copul.
Siéntate y estáte quieto [...]	copul.
Me dices [...] o se lo digo [...]	disy.
¿Dices [...] u ocultas algo?	disy.
No vino ni dijo el porqué.	copul.
¿Tu padre [...] u hospitalizado?	disy.
Estuve allí e hice cuanto [...]	copul.

275.

jugar o ver	disy.
cuchillo o un tenedor	disy.
la vejez o tercera	explic.
sinfonía o Heroica	explic.

276. *a)* V   *b)* F   *c)* F   *d)* V

277. Respuesta libre.

278. Modelo de respuesta.

[...] ni bebe ni fuma.	copul.
[...] muy vago, pero [...]	advers.
[...] y aprueba todo.	copul.
[...] ya llueve ya luce [...]	distrib.
[...] sino decirte [...]	advers.
o bien jugaba o bien [...]	distrib.
[...] pero tiene muy [...]	advers.
[...] habla y habla.	copul.
la comida e hilaba [...]	copul.

279. Respuesta modelo.

pero no sé [...]: mas, no obstante, sin embargo, aunque.
pero no (estuvo) [...]: salvo, excepto, menos, a no ser.

280. Modelo de respuesta.

[...] y los pequeños [...] solo y calladito [...] Pero apenas [...] tras él y le acosaron con burlas y cuchufletas y no [...] Uno le cogía [...] otro le refregaba [...]; pero él logró [...] y pies [...] Y toda la partida [...]

281. 1. *a)*   2. *b)*   3. *b)*   4. *b)*

282. *Las proposiciones **adversativas** se unen [...]; pero todos [...] **conmutarse** por las conjunciones **pero, pero sí, pero no**.*
*Las proposiciones **coordinadas** tienen [...] **sintáctica**.*
*Las proposiciones **coordinadas** [...] sin **nexos** y entonces van **yuxtapuestas**. Cuando los **nexos** coordinantes no [...] **se habla** de sujeto múltiple y **complementos** múltiples.*

283. Modelo de respuesta.

Estuve en el partido. Aplaudí sin descanso. Perdieron por tres a uno.
Fui al cine. No conseguí entradas.
Ganamos el partido. Pasamos a la final.

284. 1. *llegó este labrador, me entregó dos cuartas de paño.* Coordinación.

2. *Pero como los sastres...; ¿y no habría bastante...?; ¿y no podrían salir...?*

3. adversativa

4. *y me preguntó; y tornó a preguntar; y yo añadiendo sies; y quedamos [...]*

5. Sujeto: el pron. dem. neutro *eso;* predicado nominal *es todo:* verbo copulativo *es* y atributo el pron. indef. neutro *todo*.

Es una oración **enunciativa afirmativa, bimembre, atributiva**.

11. Oraciones complejas por subordinación. Proposiciones sustantivas y adjetivas

285. Modelo de respuesta.

*Deseo **tu regreso** de nuevo algún día.*
*Espero **tu visita** más a menudo.*
*Agradeceremos **tu ayuda** en este asunto.*
*Me gustó **tu intervención** a mi favor.*

286. Respuesta libre.

287. *No hay necesidad | de que te levantes | antes de que lleguemos nosotros.* (C. del nombre)
Mi duda es | si dice toda la verdad | u oculta algo. (Atributo)
    Acudió satisfecho | de que contaran con él | para formar el nuevo equipo. (C. del adjetivo)

288. *Mi hermano espera el momento de que finalice la mili para ponerse a trabajar.* Es compleja y realiza la función de **complemento del nombre**.

mi hermano-sujeto; *el momento*-C. directo; *la mili*-sujeto

289. *Insinuó que lo esperáramos hasta las seis.*   CD
Que Ana contestara de ese modo [...]   Suj.

Anda detrás de que le nombren subsecretario.   C. del adv.
Es más que probable que te elijan director.   Suj.
Recuérdame con tiempo que te devuelva el dinero.   CD
Tengo la sospecha de que algo le ha sucedido.   C. del n.
[...] contentos de que te quedes unos días.   C. del adj.
Jorge está que echa chispas.   Atr.

290. En las siguientes oraciones hay **dequeísmos**. Subráyalos.
Sabías de que no [...]
Pienso de que [...]
Espero de que [...]
Juan dice de que [...]

291. Explica qué función realizan los infinitivos.
Estuvimos cerca de conseguir [...]   C. del adv.
Prefiero estudiar [...]   CD
[...] es difícil de resolver.   C. del adj.
[...] la necesidad de estar solo.   C. del n.
[...] reunirnos todos [...]   Suj.
Contaba con ir [...]   Supl.
¡Por fin decidió acompañarnos!   CD

92. *Vieron | que se lo llevaba el río | y no hicieron nada.*

La proposición copulativa es *y no hicieron nada.* Se coordina con la principal y sustantiva a la vez.

93.
Nos advirtió que [...]	indirecto
Contestó que [...]	indirecto
Repite: Una proposición [...]	directo
Te recuerdo que [...]	indirecto
[...] dijo: «En la vida...»	directo
[...] decidí que no volvería [...]	indirecto

94. Modelo de respuesta.

Nos advirtió: No os acerquéis a la valla.
Contestó demasiado deprisa: Sí acepto.
Recuerda: Hoy tienes que ir al dentista.
Después de aquella discusión decidí: No volveré jamás a esa casa.

95. Modelo de respuesta.

Repite que una proposición [...]
Jardiel Poncela dijo que en la vida [...]

96. Modelo de respuesta.

*Pregunta **si** vais a terminar [...]*
*Sólo quería saber **que si** habíais [...]*
No sabía cuándo iban a llegar.
Investiga dónde guarda el dinero.
*Dudo mucho **que** se haya enterado [...]*
*Dice **que** qué quieres.*
Averigua cuándo va a traer [...]
Pregúntale por qué lo ha roto.
*No sé todavía **si** se habrá [...]*
*He pensado **si** no sería [...]*

Tiene valor disyuntivo: *No sé si se habrá enfadado...;*
y dubitativo: *He pensado si no sería...*

97.
Hemos pensado que deberíamos [...]	sustantiva
Cuando llegue septiembre [...]	adverbial
[...] porque yo también [...]	adverbial
La bufanda que me regalaste [...]	adjetiva

98. Modelo de respuesta.

*Confío en **los amigos sinceros**.*	Supl.
*Confío en los amigos **que son sinceros**.*	
*He comprado [...] **la simpatiquísima Ana**.*	CI
*He comprado [...] Ana **que es muy simpática**.*	
*Lee muchas **novelas policíacas**.*	CD
*Lee [...] **que son policíacas**.*	

99.
Enséñame la calculadora que (CD) *[...]*
Dieron el premio que (CD) *[...]*
La chica que (Suj.) *[...]*
Discutían de la persona a quien (CD) *[...]*
Han desaparecido los bancos que (CD) *[...]*

300. *¿Éste es el político | cuyo partido ha prometido | que erradicaría el chabolismo de la ciudad?* Esta proposición adjetiva es compleja.

- Es una proposición sustantiva de CD.
- *el político* es el antecedente; *a partido.*

301.
[...] que tenía encima de la mesa.	especif.
El chalé, que venden [...]	explic.
[...] que estaban rotas.	explic.
[...] que todos anhelamos [...]	explic.
[...] el cual parecía muy contento.	explic.
[...] con quien me viste [...]	especif.

302. Respuesta libre.

303. Respuesta libre.

304. Respuesta libre.

305. *Éste es Luis, | cuyo padre te advirtió | que habías olvidado la cartera en un banco.*

- Es adjetiva explicativa; es una proposición compleja constituida por una principal *cuyo padre te advirtió* y una subordinada a ella *que habías olvidado la cartera en un banco* que es, a su vez, una proposición sustantiva en función de CD.

306. Modelo de respuesta.

*Los libros **que se leen en** [...]*	especif.
*[...] habitación **que está decorada** [...]*	especif.
*[...] los coches **que se apartan** [...]*	especif.
*Los [...], **que están resignados** [...]*	explic.

307. *leídos **en la niñez*** (CC de tiempo); *decorada **con carteles de ciclistas*** (CC de instrumento); *apartados **de la circulación*** (CC de lugar); *resignados **con su soledad*** (CC causa).

308.
quien te llamó por teléfono	(Sustantivada-Atr.)
lo que se daba	(Sustantivada-CD)
que me dijiste	(Adjetiva especif.)
a quienes me lo pidieron	(Sustantivada-CI)
los que sacaron 4,5 de nota	(Sustantivada-Suj.)
por quienes encontraban a su paso	(Sustantivada-CA)
cuya hija estudia en nuestra clase	(Adjetiva explic.)
que trabajaban en esta obra	(Adjetiva explic.)
que estaba estropeado	(Adjetiva especif.)
de quienes no respetan [...]	(Sustantivada-Supl.)
de que le tocara la lotería	(Sustantiva-C. del adj.)

de las que te hablé	(Adjetiva especif.)
quien mucho grita	(Sustantivada-Suj.)

con quienes tengan [...]	CC
por quienes se [...]	CA

309. *a)* V   *b)* V   *c)* V   *d)* F

312. 1. *[...] los escritores peruanos, entre los que [...]*
Las pocas (condecoraciones) que [...] de **Los**
perros hambrientos, *que era [...] algunos sen-*
timientos que yacían [...] revolución que des-
pués [...] algo quiméricas que [...] de su pueblo
que [...]

310. Los **nexos** propios *[...]* **sustantivas** son **que** y **si**. *És-*
tos se **omiten** *cuando [...] en* **estilo** *directo.*
Cuando un **relativo** *no lleva* **antecedente expreso**
[...] está **sustantivada**.
Los **adverbios** *relativos son* **donde, como, cuando** y
cuanto *y [...] a* **en (el) que, con (el) que, en (el)**
que *y* **lo que**.
Tanto en una **oración** *como en una* **proposición com-**
pleja *la relación que se* **establece** *[...] de* **coordi-**
nación *o de* **subordinación**.

2. *entre los que siempre conté con muchos*   CC
amigos
que tenía   CD
que era entonces presidente de los es-   Suj.
critores peruanos
que yacían dormidos   Suj.
que después lo expulsó del país con vio-   Suj.
lencia
que al final lo apartaron de la realidad   Suj.
terrible
que tan profundamente amaba.   CD

311.

quien te comentó [...]	Atr.
los que se saludan [...]	Suj.
los que aprueben todo.	Suj.
lo que dices [...]	Suj.
con quienes se ofrecieron [...]	Supl.
la que me compré [...]	Atr.
a quien madruga [...]	CD
de los que llegaron [...]	C. del n.
lo que se daba.	Suj.

3. *desempeñadas* *= que había desempeñado*
abierto *= que se abrió...*
empeñado *= que se empeñó*

4. Sustantiva de CD. *Confieso: Las condecora-*
ciones me han parecido siempre un tanto ridí-
culas.

12. Oraciones complejas con subordinación adverbial

313. Respuesta libre.

317. Respuesta libre.

314. Respuesta libre.

318. Respuesta libre.

315.

dónde ha comprado esos zapatos	sust. de CD
donde menos se espera	adv. de lugar
donde no debes	adv. de lugar
donde te corresponde	adjetiva
por dónde os iba a encontrar	sust. de CD
desde donde cayó Ramón	adjetiva

319.

Cuando llegó a casa [...]	temporal
Cuando vaciaron [...]	temporal
Cuando subían [...]	temporal
[...] mientras oye [...]	temporal
Según y conforme oye [...]	modal

316. *Ni sé el lugar / donde has aparcado el coche / ni me*
importa / por dónde has estado con él.

Ni introduce coordinadas copulativas complejas:
ni sé el lugar donde has aparcado el coche adjetiva
ni me importa por dónde has estado con él sust. de
CD

320.

[...] el año cuando [...]	adjetiva
[...] cómo vas [...]	interrog. sust.
[...] cuándo terminas [...]	interrog. sust.
[...] como indican [...]	modal
Cuando vengas a [...]	temporal
[...] la manera como [...]	adjetiva

321. Respuesta libre.

322. Respuesta libre.

23.

[...] según presentes el proyecto [...]	modo
[...] por donde pudimos.	lugar
Al salir de casa [...]	tiempo
[...] que un galápago.	comparativa
[...] como para chuparse los dedos.	modal
Apenas conozcas las notas [...]	tiempo
[...] es peor que el del otro día.	comparativa

24. Modelo de respuesta.

Antes de que abras la boca | sé | que vas a decir | que tu madre hace la paella mejor | que yo.

Principal, *sé;* falta el verbo en que *[la hago yo];* se ha omitido porque es el mismo que el de la principal *(tu madre hace la paella).*

que vas a decir | que tu madre hace la paella mejor | que yo. Es una proposición compleja sustantiva de CD. En ésta *que vas a decir* es la principal que tiene a su vez otra sustantiva de CD compleja formada por una principal, *que tu madre hace la paella mejor* y una adverbial comparativa *que yo.*

325. *Se ha suspendido el concierto porque (ya que, supuesto que, en vista de que, visto que) ha llovido.*

326. Respuesta libre.

327.

Me rogó que [...]	sust. de CD
El disco que te [...]	adjetiva
[...] que lo necesito.	causal
Como vi la luz apagada [...]	causal
Como te dije ayer [...]	modal
Como tiene mucho [...]	causal

328.

Por hablar demasiado [...]	=*porque hablas demasiado*
De las risas que oí [...]	=*porque oí grandes risas*
De lo bueno que es [...]	=*porque es tan bueno*

329. *Sabes* (principal) *| que no me gusta la menestra* (sust. de CD) *| que haces,* (adjetiva) *| porque te lo he dicho mil veces.* (causal)

330. Modelo de respuesta.

Ahorro mis pagas, luego tengo dinero.
No le dejaron entrar, luego llegó tarde.
Está el agua muy fría, luego no se puede uno bañar.
Estuve tumbado al sol demasiado tiempo, luego me duele la cabeza.

331. *de ahí que, conque, pues, por consiguiente, por esto, por lo tanto, así es que.*

332. Respuesta libre.

333. *No he estudiado, | [por tanto] he suspendido; | [pero] sí aprobaré en septiembre | [porque] en verano iré a una academia.*
Pero introduce una coordinada adversativa: *[pero] sí aprobaré en septiembre | [porque] en verano iré a una academia.*
[por tanto] he suspendido: consecutiva
[porque] en verano iré a una academia: causal

334. Respuesta libre.

335.

Como llegó tarde [...]	causal
Como venga tu hermano [...]	condicional
Como dice mi padre [...]	modal
Como protestes [...]	condicional
Cuando hablaba mi [...]	condicional
Cuando insiste tanto [...]	condicional
Cuando llegue [...]	temporal

336. Respuesta libre.

337. Respuesta libre.

338. Esta oración es **compuesta** formada por **tres** proposiciones. La principal es *Jorge ha dicho exactamente* y **la subordinada** es una proposición **subordinada sustantiva de CD** en estilo directo, constituida, a su vez, por una principal *dale el dinero* y una subordinada adverbial **condicional** *a condición de que te entregue el paquete.*

339. *a pesar de que, aun cuando, por más que*

340. Respuesta libre.

341. Respuesta libre.

342. Respuesta libre.

343. *No te dejaré mi cazadora por más que te pongas de rodillas (te pongas como te pongas; aun poniéndote de rodillas; así te pongas de rodillas).*

Tú te callas aun cuando veas algo raro (por más cosas raras que veas; veas lo que veas; aun viendo cosas raras).

344. Respuesta libre.

345. Respuesta libre.

346. *para que vivan* (final); *a quien te lo pida* (sustantivada de CI); *Con el objeto de que aprendas a conducir* (final); *a quien la reclamó* (CI); *Al que me ayude a subir* (CI).

347. *La carpeta | que usaba Berta | para guardar los apuntes | ha sido encontrada en el parque | donde la perdió el otro día.*

● *La carpeta ha sido encontrada en el parque* es la principal.

Es compleja formada por tres proposiciones:
que usaba Berta: adjetiva especif.
para guardar los apuntes: final
donde la perdió el otro día: adjetiva espec.
la carpeta es el antecedente de **que** y **el parque** de **donde.**

348. Solamente aparece la subordinada.

[...] porque llevaba zapatos muy grandes.	causal
Cuando termine esta novela [...]	tiempo
[...] donde te he dicho.	lugar
[...] que te vas a caer.	causal
Aunque grites [...]	concesiva
[...] como si lo estuvieran matando.	modo
[...] que se desbordó el río.	consecutiva
[...] así es que lo espero.	consecutiva
[...] que el anterior.	comparativa
[...] cuando lo llamasteis por teléfono.	tiempo
Si yo fuera presidente [...]	condicional
A pesar de que llevaba mi carné [...]	concesiva
[...] hasta donde está la fuente.	lugar
[...] como pelos tiene en la cabeza.	comparativa
En el caso de que apruebe [...]	condicional
Con que sacara un cinco en Física [...]	condicional
[...] siempre y cuando pagues la gasolina.	condicional
[...] del que nos hace falta.	comparativa
De los gritos que daba [...]	causal
[...] de modo que tiene una pierna escayolada.	consecutiva
[...] que todo el mundo lo adora.	consecutiva
A menos que colaboréis todos [...]	condicional
Con tal de que cierres la boca [...]	final
[...] si bien todavía hace ruidos.	concesiva
Por más que te lo advertí [...]	concesiva
[...] que nos dejó boquiabiertos.	consecutiva
[...] desayuna, pues.	consecutiva
[...] cuando debía callarse.	concesiva
¿[...] según te dije?	modo
[...] donde aparco siempre el coche.	lugar
De haber hecho puente [...]	condicional
[...] para que te lo leas con tiempo.	final

349. Modelo de respuesta.

Si te hubieras callado [...]	condicional
Cuando volvía a casa [...]	tiempo
Porque se hizo el ingenuo [...]	causal
Si hubiera tenido [...]	condicional
[...] como si no viviera.	modo
[...] que si soñara [...]	comparativa
Cuando entraba en [...]	tiempo
Porque dio la lata [...]	causa
Porque has estudiado [...]	causa
Cuando finalizó el curso [...]	tiempo

[...] si estuviera arreglado y [...]	condicional
Aunque estaba cansado [...]	concesiva
Cuando salía de clase [...]	tiempo
Si piensas de esa forma [...]	condicional
Aunque trabajes doce [...]	concesiva
Si vagueas de esa manera [...]	condicional

350.

[...] a la que le gusta [...]	adjetiva
Con que se casara [...]	adverbial
Antonio debe estar aquí [...]	or. simple
Ni presenciaste ni conoces [...]	coordinada
¡[...] capaz de decírselo [...]!	sustantiva
Los que quieran más ensalada [...]	sustantivada
Hablaban de quién dormiría [...]	sustantiva
[...] que pasees a diario.	sustantiva
[...] pero nadie lo reconoce.	coordinada
Tienes que ser más [...]	or. simple
[...] así es que vámonos.	adverbial
[...] a la que no le gusta el jefe.	adjetiva
[...] por quienes fumáis.	sustantivada
Quien ha llamado [...]	sustantivada
Al que le falten folios [...]	sustantivada
[...] de haber participado [...]	sustantiva
[...] que hablen mal de mí [...]	sustantiva
Unos han votado [...] otros [...]	coordinada
[...] es decir, expiró.	coordinada
Estuve a punto de quedar [...]	or. simple
Anoche Ana rompió a llorar [...]	or. simple
Con el objeto de conseguir [...]	adverbial
[...] siéntate, pues.	adverbial
[...] cuya hermana conociste [...]	adjetiva
[...] por la que se cayó Beatriz.	adjetiva
[...] a quienes nos han educado.	sustantivada
[...] que él no había entrado [...]	sustantiva
[...] pero en mi casa es [...]	coordinada
¿Todavía sigues desayunando?	or. simple
que la mía.	adverbial
[...] al que le ha tocado [...]	adjetiva
[...] al que no había visto nunca.	adjetiva
[...] que no pudieron responderle.	adverbial
Tiene reunidas más de [...]	or. simple
¡Quiéreme o déjame [...]!	coordinada
Cenar demasiado es [...]	sustantiva

351.

Como miente mucho [...]	causal
[...] como me indicaste.	modo
[...] cómo ha podido reunir [...]	sust. de CD
[...] la manera como conseguir [...]	adjetiva
[...] como si nada hubiera [...]	modo
Como se cree muy listo [...]	causa
[...] cómo lo habían engañado.	sust. de CD

Cuando el jefe se enfadaba [...]	condicional
Cuando el profesor tuvo [...]	tiempo
[...] cuándo me devolverás [...]	sust. de CD
Cuando ingrese en [...]	tiempo
Quiere saber cuándo regresan.	sust. de CD
[...] cuando estaban dormidos.	tiempo
[...] cuando lleguéis a Barcelona.	tiempo

[...] cuanto le permite su [...]	adjetiva
Pregúntale cuánto gana.	sust. de CD
[...] todo cuanto hemos reunido.	adjetiva

[...] cuantas había en la bodega.	comparativa	[...] donde trabaja Beatriz.	adjetiva
Desconozco cuánto tiempo [...]	sust. de CD	[...] por donde no lo ha [...]	lugar
Averiguo todo cuanto deseo.	adjetiva		
[...] cuánto me habíais engañado.	sust. de CD	[...] qué desea a estas horas.	sust. de CD
		[...] que lo esperéis unos [...]	sust. de CD
[...] dónde has escondido el [...]	sust. de CD	[...] que estaba en la acera [...]	adjetiva
Quédate donde estás ahora.	lugar	[...] que lo necesito.	causal
[...] donde conocimos a Luis.	adjetiva	[...] que lo bebemos.	final
[...] por dónde pasarán [...]	sust. de CD	Que eres tonto [...]	sust. de CD
[...] dónde guarda los discos [...]	sust. de CD	El que grita más es Antonio.	sustantivada

352. *Cuando fuiste martillo, | no tuviste paciencia; | ahora que eres yunque, |ten paciencia.*
       temporal   principal   temporal   consecutiva

Cuanto más grande es la cabeza, | más fuerte es la jaqueca.
         condicional   principal

Cuando | los que mandan | pierden la vergüenza, | los que obedecen | pierden el...
         sustantivada   temporal   sustantivada   principal

El sabio convive con la gente | sin criticar, | el necio critica | sin convivir.
        principal   modo   coordinada   modo

El hombre jamás sabe | qué hacer con la libertad.
        principal   sustantiva

Fango | que se remueve, | más huele.
        adjetiva   principal

Hay muchos buenos hombres | que sólo son malos bichos.
        principal   adjetiva

Hay | quienes pasan por el bosque | y no ven leña para el fuego.
  prin.   sustantivada   sust. coordinada con la anterior

Ir por leña | y volver caliente, | le ocurre a mucha gente.
    sust.   sust. (coord.)   principal

Mira a las estrellas, | pero no olvides | de encender la lumbre en el hogar.
    principal   adver.   sustantiva

Nosotros, perros de caza, hemos matado la liebre, | dice el perrillo faldero.
         sustantiva   principal

Nos gustaría | vivir | y morir | como las brevas: | caernos del árbol | cuando nos hubiéramos puesto morados.
  principal   sust. coord.   modo   coord. explicativa   sustantiva   tiempo

No en lo grande está lo bueno, | sino en lo bueno está lo grande.
      coordinada   coordinada adver.

No habléis mal del puente | hasta haber cruzado el río.
    principal   tiempo

Por bueno que sea un caballo, | necesita espuelas.
     concesiva   principal

353. *Ayudadme | a comprender | lo que os digo | y os lo explicaré mejor.*
  principal   final   sustantivada   coordinada

Aunque las mujeres no somos buenas para el consejo, | algunas veces acertamos.
         concesiva   principal

Cada uno es | como Dios lo hizo, | y aún peor muchas veces.
  principal   modo   coordinada

Cuando no se piensa | lo que se dice | es | cuando se dice | lo que se piensa.
    tiempo   sustantivada   princ.   tiempo   sustantivada

El perfume anuncia la llegada de una mujer | y alarga su marcha.
      coordinada   coordinada

El escritor escribe | de lo que lleva dentro, | de lo que va cocinando en su
    principal   sustantivada   sust. (coord.)

interior | y luego lo vomita | porque ya no puede más.
      coord.   causa

El periodista tiene que escribir a toda velocidad / porque si no (escribe a toda velocidad) corre el
           principal   **causal**   **condicional**   **causal**

riesgo / de que, / al llegar al último renglón, / ya no tenga actualidad el primero.
         sust.   **tiempo**   **sustantiva**

Los débiles sucumben / no por ser débiles, / sino por ignorar / que lo son.
      principal   **causal**   **coord. adv.**   **sustantiva**

La belleza / que atrae / rara vez coincide con la belleza / que enamora.
principal   **adjetiva**   **principal**   **adjetiva**

Los que saben mucho / se admiran de pocas cosas, / y los que no saben nada
    sustantivada   **principal**   **sustantivada**

se admiran de todo.
 principal (coord.)

La rapidez, / que es una virtud, / engendra un vicio, / que es la prisa.
principal   **adjetiva**   **principal**   **adjetiva**

La mujer adora al hombre / igual que el hombre adora a Dios;
    principal   **comparativa**

pidiéndole todos los días algo.
   modo

No he nacido para un solo rincón, / mi patria es todo el mundo.
    coordinadas   **adversativas**

Aquí sólo aislamos las proposiciones. Un análisis más completo exigiría seguir la ejemplificación que proponemos en la página 149, ejercicio 258. Así, en la oración *Fango que se remueve más huele* diríamos que es una oración compleja que presenta la siguiente estructura:

- Prop. llamada principal *Fango... más huele.*
- Prop. adjetiva especificativa *que se remueve.*

Análisis de la proposición principal:

- Sujeto complejo: *Fango que se remueve,* que consta de un núcleo nominal *fango* y un complemento del nombre proposicional *que se mueve.*
- Predicado verbal *más huele* que consta de un núcleo verbal *huele* y un complemento circunstancial de cantidad el adverbio *más.*

La proposición adjetiva *que se remueve* consta de:

- Sujeto pronominal, el relativo *que.* (Su antecedente es *fango.*)
- Predicado verbal *se remueve.*

Ambas proposiciones son **enunciativas afirmativas, bimembres, predicativas** e **intransitivas.**

354. Son oraciones simples: *¿De qué les voy a hablar?; Asisto a las clases regularmente; El de historia ni fu ni fa.*

- *que contarte,* adjetiva; *que llegue,* sust. de CD; *que se les acercan,* adjetiva; *¿De qué?,* pron. interrogativo; *que nos obliga,* adjetiva; *lo que viene,* sustantivada de CD; *lo que más me interesa,* sustantivada de atributo; *que sería,* adjetiva; *con que nos abruma,* adjetiva; *que voy sabiendo,* es una conjunción anunciativa sin ningún otro valor.

- Modelo de respuesta.

  adversativa: *pero no iguales;* copulativa: *ni creo...;* concesiva: *aunque hay algunos compañeros;* causal: *como están mal mirados;* de modo: *como dice un compañero.*

- Modelo de respuesta.

  No sé /: principal, enunciativa negativa, bimembre, predicativa transitiva.

  si esto servirá de mucho: sustantiva de CD, enunciativa afirmativa, bimembre, predicativa intransitiva.

ÍNDICE GENERAL

SOLUCIONARIO

Otros títulos de Guillermo Hernández publicados por SGEL

**TEXTOS DE APOYO
PARA EL ÁREA DE LENGUA CASTELLANA
Y LITERATURA
EN LA ENSEÑANZA SECUNDARIA OBLIGATORIA
Y EL BACHILLERATO**

● **ORTOGRAFÍA BÁSICA,** método de autoaprendizaje especialmente dirigido a los escolares de los primeros niveles de la Enseñanza Secundaria Obligatoria, 156 páginas.

● **ORTOGRAFÍA 2,** método de autoaprendizaje especialmente recomendado para los últimos años de la Enseñanza Secundaria Obligatoria y para el Bachillerato. Es útil, igualmente, para alumnos de estudios superiores, 256 páginas.

● **ANÁLISIS GRAMATICAL,** método de autoaprendizaje de la gramática pedagógica que deben conocer y dominar los escolares de Enseñanzas Medias (E.S.O. y Bachillerato), 232 páginas.

D.E.C.E.L.A.
LIBROS DE Esp & Lat-ame
C.P 1532 SUCC. "DESJARDINS"
MONTRÉAL, QUÉ. CANADA H5B 1H3
FAX: (514) 844-5290